उत्तर-सत्यवाद

उत्तर-सत्यवाद

विवेक सिंह

वाणी प्रकाशन

सजिल्द प्रथम संस्करण : 2023

वाणी प्रकाशन

4695, 21-ए, दरियागंज, नयी दिल्ली-110 002

फ़ोन : +91 11 23273167; फ़ैक्स : +91 11 23275710

शाखाएँ

अशोक राजपथ, पटना-800 004, बिहार

कॉफ़ी हाउस कैम्पस, महात्मा गांधी मार्ग, इलाहाबाद-211 001, उत्तर प्रदेश

महात्मा गांधी अन्तरराष्ट्रीय हिन्दी विश्वविद्यालय, वर्धा-442 001, महाराष्ट्र

36/ए, शेक्सपियर सरणी, रानी बिरला गर्ल्स कॉलेज के पास, कोलकाता-700 017, प. बंगाल

www.vaniprakashan.com
marketing@vaniprakashan.in
sales@vaniprakashan.in

Uttar-Satyavad
by Vivek Singh

ISBN : 978-93-5775-156-8
Media / Journalism

मूल्य : ₹ 399

आर. टेक ऑफ़सेट प्रिंटर्स, दिल्ली-110 032 में मुद्रित

वाणी प्रकाशन का लोगो मक़बूल फ़िदा हुसेन की कूची से

समर्पण

माँ **निशा सिंह** को
जो मेरी हर उपलब्धि पर मुझसे ज़्यादा
प्रसन्न होती हैं!!

दो शब्द

'पोस्ट' उसका होता है जिसका 'प्री' हो। सत्य का न प्री होता है न पोस्ट। 'अथातो ब्रह्म जिज्ञासा' का उत्तर है–एकम् सत् विप्राः बहुधा 'वदन्ति'–सत्य एक ही है–विप्र–जिन्होंने अपने आचरण से सत्य को सिद्ध कर लिया हो–अपने-अपने अनुभव के आधार पर उसका निर्वचन करते हैं। अन्धों के द्वारा अपने सम्पूर्ण ज्ञान के आधार पर हाथी के स्वरूप का वर्णन प्रसिद्ध लोककथा है। प्रत्येक के अनुभव में सत्य अंश है, किन्तु ये सारे अंश मिलकर भी हाथी का वास्तविक स्वरूप निरूपित नहीं कर पाते।

धर्म के क्षेत्र में विश्वास और अन्धविश्वास के बीच की रेखा बहुत क्षीण है, इसलिए वहाँ ऐसे विचार बहुत जल्दी आँच पकड़ लेते हैं। अकबर के समय में तुलसीदास ने 'रामचरितमानस' महाकाव्य की रचना की। बनारस के पण्डितों ने उनका विरोध किया। उस ग्रन्थ को साक्षात् विश्वनाथ से प्रमाणित कराने के लिए उसे रात में विश्वनाथ मन्दिर में रखकर सभी दरवाज़े बन्द कर दिये गये। सबेरे द्वार खुलने पर देखा गया कि 'रामचरितमानस' पर 'सत्यम् शिवम् सुन्दरम्' लिखकर शिवजी ने हस्ताक्षर किये। गीताप्रेस से करोड़ों प्रतियाँ 'रामचरितमानस' की छपती हैं, उसकी भूमिका में यह सब लिखा हुआ है। ऐसी कूटरचना करने वालों को मालूम नहीं होगा कि शिवजी लिखते तो सत् चित् आनन्द (सच्चिदानन्द) लिखते। 'सत्यम् शिवम् सुन्दरम्' जर्मन भाषा के 'द ट्रूथ द गुड एंड द ब्यूटीफुल' का अनुवाद है जो उन्नीसवीं सदी में बांग्ला साहित्य में आया। लेकिन तमाम भौतिक आवश्यकताओं की पूर्ति के लिए 'रामचरितमानस' का पाठ करने-कराने वाले अन्धविश्वासियों के लिए यही सत्य है।

कबीर ने सत्य को सबसे बड़ा तप कहा–'साँच बराबर तप नहीं, झूठ बराबर पाप। जाके हिरदय साँच है ताके हिरदय आप।' गांधी ने सत्य को ही ईश्वर माना।

पोस्ट-ट्रूथ की अवधारणा 2016 में ऑक्सफ़ोर्ड इंगलिश डिक्शनरी में 'वर्ड ऑफ़ ईयर' की घोषणा के बाद चर्चा के केन्द्र में आयी, फिर सीधे 2016 के अमेरिकी राष्ट्रपति चुनाव से जुड़ी। उस समय हिलेरी क्लिंटन ने डोनाल्ड ट्रंप पर आरोप लगाया कि उनके समर्थक विकास के प्रति न्यू लिबरल वेलफ़ेअर स्टेट के एजेंडा को प्रमुखता देने की जगह उसे रोकना चाहते हैं। ट्रंप ने इसी का फ़ायदा उठाया और उसी को मुख्य एजेंडा बनाकर चुनाव जीत लिया।

डॉ. विवेक लिखते हैं कि पोस्ट-ट्रूथ की स्थिति का अर्थ एक ऐसी स्थिति उत्पन्न करना है जिसमें आप सिर्फ़ दिये गये नियमों के साथ नहीं जीतते, बल्कि जीतने के प्रयास में स्वयं बनाये गये नियमों को अपने नियन्त्रण में कर लेते हैं। हमारा संविधान सर्वहित में नये नियम बनाता है और उन नियमों का ज़्यादा उपयोग राजनीति में ही होता है। समाज के मूल्यों में सत्य होता है और सत्य के स्वरूप के साथ छेड़छाड़ करना समाज के मूल्यों के साथ छेड़छाड़ करना है। आज के नेताओं ने भावनात्मक अपील और वैचारिक उद्‌देश्यों को हथियार बनाकर राजनीतिक मूल्यों को छोड़ दिया है।

इस समय वैश्विक परिदृश्य में राजनीति, धर्म और व्यापार की तिकड़ी ने सभी मूल्यों को तिलांजलि देकर केवल सत्ता प्राप्ति को लक्ष्य बना लिया है। गोरा सबसे सुन्दर चेहरा है, यह 'सत्य' स्थापित हुआ और ख़रबों रुपयों का लाभ गोरा बनाने वाली क्रीम के व्यापारियों को। ऐसे अगणित उदाहरण हैं।

—प्रो. रामदेव शुक्ल

(हिन्दी के प्रख्यात साहित्यकार;
पूर्व अध्यक्ष, हिन्दी विभाग, गोरखपुर)

प्राक्कथन

यह किताब मात्र मेरी मेहनत का फल है, ऐसा कहना अन्याय होगा। यह कई प्रार्थनाओं, सपनों, उम्मीदों और आशीर्वादों का प्रतिरूप है जिसके प्रति मैं कृतज्ञ हूँ। मैं बाबा विश्वनाथ को करबद्ध प्रणाम करता हूँ, जिन्होंने मुझे इस कार्य का हेतु बनाया। मैं अदिति माहेश्वरी जी, वाणी प्रकाशन का धन्यवाद करना चाहता हूँ, जिन्होंने मुझे निरन्तर कार्यशील बनाये रखा और धैर्य के साथ इस महत्त्वपूर्ण विचार से मुठभेड़ का सम्यक् समय दिया। मित्र सर्वेश प्रताप सिंह का धन्यवाद जिन्होंने इस चक्र को पहला धक्का दिया, ताकि मैं गतिशील रह सकूँ।

जब मैं इस पुस्तक के विचार से जूझ रहा था, तो मेरे सामने एक समस्या साहित्यिक भाषा की थी। इसी दौरान मेरी भेंट हिन्दी साहित्य अध्येता, अंशुप्रिया से हुई, और मुझे लगा कि यह उपयुक्त व्यक्ति है जो इसमें मेरी समुचित मदद कर सकती है। अंशु इस किताब में हर शब्द में मेरे साथ रही है और यह कहना भी ग़लत नहीं होगा कि अंशु इस किताब को मुझसे ज़्यादा जानती है। उसे बहुत धन्यवाद, यह किताब उसके बिना सम्भव नहीं हो पाती और मुझे यक़ीन है, आगे भी हिन्दी के प्रति मेरे योगदान में वह सहयोगी रहेगी।

साथी अध्येता और प्राध्यापक मित्र राहुल चतुर्वेदी का धन्यवाद, जिनकी चर्चाओं ने हमें दिमाग़ी उलझनों से निकाला और जिनका प्रोत्साहन मेरे सफ़र का ईंधन रहा। मेरा विद्यार्थी रवि कुमार राय, जो हिन्दी से जुड़ा महत्त्वपूर्ण शोधकार्य कर रहा है, उसका धन्यवाद। वह पूरी किताब के दौरान मेरे और हिन्दी अकादमिया के विचार संसार के बीच पुल बना रहा है, और इस वैचारिक आदान-प्रदान को सहज, सन्दर्भगत और प्रासंगिक बनाने में सहायता की। मेरे छात्रों हर्ष और गोपाल का भी नाम लेना आवश्यक है, जिनका इस निर्माण में महत्त्वपूर्ण योगदान है।

मैं माँ-पापा से क्षमा चाहता हूँ, जिन्हें इस किताब के दौरान शायद उचित वक़्त नहीं दे पाया। यह किताब आपके आशीर्वाद का मूर्तरूप है। मेरे भैया, रवि सिंह, जिनके दम पर मैं आज यहाँ हूँ, और मेरी हर उपलब्धि उनकी ही है। भैया, आपके लिए धन्यवाद काफ़ी छोटा शब्द होगा। मेरे पिता समान संजीव, बहन समान प्राची और भाभी नेहा का धन्यवाद, जो मेरी हर सफलता-असफलता में मेरे साथ बने रहते हैं। अन्ततः अर्द्धांगिनी प्रज्ञा, तुम्हारा इस किताब में बराबर का साझा है। मेरे सम्बल बने रहने का, और इन्तज़ार, उलझनों और चिन्ताओं में साझेदारी का धन्यवाद।

—विवेक सिंह

भूमिका

जब मैंने यह किताब लिखनी शुरू की तो पहला प्रश्न जो मुझसे पूछा गया वो यह था कि हिन्दी में क्यों? मैं अंग्रेज़ी का प्राध्यापक हूँ, तो इस किताब से व्यक्तिगत फ़ायदे जैसे एपीआई या प्रशंसा की बहुत गुंजाइश नहीं थी, फिर भी मैंने हिन्दी में लिखना क्यों चुना, और वह भी एक ऐसे विषय पर जिस पर अभी तक हिन्दी अकादमिया या साहित्यालोचना में कोई विस्तृत चर्चा नहीं हुई, मात्र सेमिनार या इक्के-दुक्के पुस्तकों में ज़िक्र भर हुआ है।

हमारे विश्वविद्यालय में हिन्दी और अंग्रेज़ी विभाग की दूरी ज़्यादा नहीं है, तो अक्सर मित्रों से मिलना और चर्चाएँ होती रहती हैं। मेरा एक मित्र जो गाज़ीपुर महाविद्यालय में हिन्दी का सहायक प्राध्यापक है, बातों के दौरान उसने कहा कि हिन्दी के अकादमिया में कई वैश्विक विचारों पर गहन अध्ययन नहीं है। फिर मैंने हिन्दी विभाग के पाठ्यक्रम और वहाँ की शोध-पद्धतियों का अध्ययन किया और पाया कि वह ग़लत नहीं थे। उदाहरणत: हिन्दी में मार्क्स पर बहुत पुस्तकें और विस्तृत चर्चाएँ हुई हैं, पर ग्राम्शी पर इतना अध्ययन नहीं है, जबकि ग्राम्शी को समझे बिना मार्क्स पर समझ अधूरी है। फ्रायड का ज़िक्र बहुतेरी किताबों में मिल जायेगा पर लाकां पर किताबें मिलनी मुश्किल हैं। हमारे आर्थिक और राजनीतिक क्षेत्र तत्कालीन वैश्विक प्रणाली के अनुरूप हैं परन्तु विचारों के क्षेत्र में हम अभी भी कई क़दम पीछे चल रहे हैं। ऐसे में इस अभाव को, इस अन्तर को भरना हमारी नैतिक ज़िम्मेदारी हो जाती है।

पश्चिमी अकादमिया और संचार माध्यमों में पोस्ट-ट्रुथ बड़ा ही लोकप्रिय और सुपरिचित शब्द है। समाचार-पत्र और चैनल, धारावाहिक, साहित्य और आलोचना के क्षेत्र में पोस्ट-ट्रुथ बड़ा प्रचलित रहता है, इसका इस्तेमाल करने में किसी को कोई शंका नहीं होती। परन्तु दक्षिण एशियाई देश तक अभी यह विचार अच्छे-से पहुँच

नहीं पाया है। चीन, बांग्लादेश, नेपाल, अफ़ग़ान और भारत जैसे देशों में यह विचार तो नहीं पहुँचा पर इसकी परिघटनाएँ और इसके परिणाम साफ़ परिलक्षित रहे हैं। यह विचार भी ऐसा है कि आम जनमानस से सम्बन्धित कोई भी क्षेत्र, चाहे यह शिक्षा हो, स्वास्थ्य हो, राजनीति हो या उसकी बुनियादी समस्याएँ रोटी, कपड़ा और मकान, कोई भी क्षेत्र इससे अछूता नहीं है। ऐसे में बहुत आवश्यक है कि हम इस विचार को गम्भीरता से समझें और परिणामों को विस्तृत रूप से समझें और जानें। और यह मात्र अकादमिया तक सीमित नहीं रहना चाहिए, आम जनमानस तक भी फैलना चाहिए। मेरा इस किताब को हिन्दी में लिखने का कारण यही है कि कोई सामान्य-सा व्यक्ति भी इसे पढ़कर पोस्ट-ट्रुथ और उसके प्रभाव की पहचान कर सके। यह मेरी सीमा है कि अन्य किसी भारतीय भाषा का ज्ञान न होने के कारण मैं हिन्दी क्षेत्र में सीमित हूँ, और आगे की बागडोर अन्य भाषाओं के लेखकों, अनुवादकों के हाथ में है।

हर किताब का अपना एक तय पाठक वर्ग होता है, जिसके अनुरूप उसकी भाषा और विचार तय होते हैं। मैंने इस किताब में कोशिश की है कि हर वो आम आदमी जिसे थोड़ी भी हिन्दी आती है, वो इस किताब और इसमें वर्णित विमर्शों तक पहुँच सके और उन पर विचार कर सकें। इसलिए मैंने प्लेटो, स्पिनोज़ा, देरिदा और ल्योतार्ड जैसे विचारकों के विचारों का भी ज़िक्र किया है और कोशिश की है कि उनके विचारों को सरलीकृत कर के लोगों तक पहुँचाया जा सके। जहाँ भी मुझे लगा है कि विचार थोड़े क्लिष्ट हो रहे हैं, मैंने उदाहरण देकर उसकी गाँठ खोलने की कोशिश की है। इसकी उपयोगिता जितनी अकादमिया और शिक्षा में है, उतनी ही आम जनता में भी।

पोस्ट-ट्रुथ मात्र उन वयस्क लोगों के लिए ही ज़रूरी नहीं है, जो नित्यप्रति राजनीति और रोज़मर्रा की ज़िन्दगी में इसका शिकार हो रहे हैं, ये उन 8 से 20 वर्ष के किशोर वर्ग के लिए भी उतना ही ज़रूरी है जो इसी पोस्ट-ट्रुथ परिवेश में बड़े हो रहे हैं। पारम्परिक भारतीय समाज में अक्सर संयुक्त परिवार हुआ करते थे जिसमें बच्चे दादी, नानी से पौराणिक कहानियाँ सुनकर बड़े होते थे। ये कहानियाँ उनमें नैतिक तथा मानवीय मूल्यों का संचार करती थीं और उनमें सहानुभूति और समानुभूति दोनों का विकास करती थीं। दादी, नानियों के साथ रहते हुए उनमें किसी तरह की भावनात्मक शून्यता नहीं आ पाती थी। अब संयुक्त परिवार विरले ही बचे हैं, और भागती हुई दुनिया की बढ़ती हुई ज़रूरतों को पूरा करने के लिए ज़्यादातर परिवारों में माता-पिता दोनों ही नौकरीपेशा होते हैं। ऐसे में बच्चे मात्र स्कूल या

मोबाइल के सहारे बड़े होते हैं, जो बच्चों को बाज़ारीकरण और मशीनीकरण की तरफ़ धकेल रहे हैं। अमूमन किसी प्रतियोगिता के निर्णायक के रूप में या ऐसे भी मेरा स्कूल जाना होता रहता है, और अक्सर बच्चों के सम्पर्क में रहता हूँ। मैंने पाया कि उनमें साथ की अपेक्षा प्रतिस्पर्धा की भावना ज़्यादा विकसित हो रही है, और हमारी शिक्षा व्यवस्था इस आग में घी का काम कर रही है। उन्हें सुनने वाला, उन्हें समझने वाला, और वे क्या देख-सुन रहे हैं और उससे क्या समझ रहे हैं, इस पर ध्यान देने वाला उनके पास कोई नहीं है। नतीजा यह कि उनके अन्दर एक भावनात्मक शून्यता भरती जा रही है, और वे मानसिक व्याधियों की ओर बढ़ रहे हैं। अत: बेहद ज़रूरी है कि उन्हें इस पोस्ट-ट्रुथ परिवेश के बारे में समझाया जाये, क्योंकि यही बच्चे हमारे देश बल्कि दुनिया के भविष्य हैं, और इन्हें सँभालना हमारी नैतिक ज़िम्मेदारी हो जाती है।

इस पुस्तक को हिन्दी में लिखते वक़्त एक और प्रश्न उठा कि जिस तरह post-modernism के लिए उत्तर-आधुनिकतावाद, post-structuralism के लिए उत्तर-संरचनावाद, फिर पोस्ट-ट्रुथ के लिए उत्तर सत्य क्यों नहीं? तो ऐसा इसलिए क्योंकि अव्वल तो उत्तर-सत्य का कोई अर्थ नहीं निकलता, क्योंकि सत्य संज्ञा है विशेषण नहीं, दूसरा यह कि अनुवाद में अक्सर मूल का कुछ खो जाता है, यह विषय इतना महत्त्वपूर्ण है कि मैं इसे इसकी सम्पूर्णता में आप तक पहुँचाना चाहता था। एक कारण और भी था, बह यह कि पोस्ट-ट्रुथ विश्वप्रसिद्ध विषय है, मैं इसकी प्रसिद्धि बनाये रखना चाहता था, अत: नाम परिवर्तित करना उचित न लगा।

पोस्ट-ट्रुथ की यह किताब छोटी-छोटी किन्तु गम्भीर समस्याओं के बारे में है, जो हमारी नज़र से छिपी रहती हैं पर उनका प्रभाव क्षेत्र बहुत बड़ा होता है। इस किताब को लिखने की शुरुआत मैंने कोरोना काल में की थी, जब पोस्ट-ट्रुथ के प्रभाव सर्वत्र परिलक्षित हो रहे थे। मैंने बहुत सारे पारिभाषिक शब्द और विचार पश्चिमी ज्ञान परम्परा से लिये हैं, और मैंने कोशिश की है कि मैं इसे बेहतर तरीक़े से व्याख्यायित कर सकूँ। फिर भी अगर मुझसे कोई त्रुटि हो गयी हो तो क्षमाप्रार्थी हूँ। आप पाठकों के सुझाव तथा सुधार आमन्त्रित हैं, अगली पुस्तक में इन सभी त्रुटियों के निराकरण की कोशिश करूँगा। मैंने किताब में कोशिश की है कि विचार और विमर्श पोस्ट-ट्रुथ पर केन्द्रित रहें और विषयान्तर न होने पायें, क्योंकि पोस्ट-ट्रुथ पर बात करते हुए भटक जाना बहुत आसान है। हमने विशेष ध्यान रखा है कि पोस्ट-ट्रुथ पर बात करते हुए कहीं हम भी पोस्ट-ट्रुथ का शिकार न बन जायें।

—विवेक सिंह

अनुक्रम

पोस्ट-ट्रुथ : क्या? क्यों? कैसे?

अगर आज़ादी का कोई मतलब है, तो इसका मतलब है कि लोगों को वे बातें बताने का अधिकार जो वे सुनना नहीं चाहते।[1]

—जॉर्ज ऑरवेल

यदि सच्चाई से कोई अपराध होता है, तो यह बेहतर है कि अपराध आ जाये, बजाय इसके कि सच्चाई को छिपा दिया जाये।[2]

—थॉमस हार्डी

2003 का इराक़-अमेरिका युद्ध, इस सदी की महत्त्वपूर्ण परिघटनाओं में से एक है। 2003 में इराक़ पर अमेरिका के नेतृत्व में किया गया गया आक्रमण इस युद्ध का पहला चरण था। इस आक्रमण में मात्र अमेरिका ही नहीं बल्कि ब्रिटेन, ऑस्ट्रेलिया और पोलैंड भी शामिल थे। इस आक्रमण के पीछे कारण यह दिया गया कि इराक़ और सद्दाम हुसैन सामूहिक विनाश के हथियार तैयार कर रहे हैं जिससे उनके पड़ोसी देशों को ख़तरा हो सकता है। लगभग एक महीने तक चले इस युद्ध में, जैसा कि अमूमन सभी युद्धों में होता है, मानवाधिकार का कोई ध्यान नहीं दिया गया।

अब एक दूसरी घटना देखते हैं। 1929 का द ग्रेट डिप्रेशन यानी महामन्दी दुनिया के लगभग सभी देशों को लगा एक बड़ा आर्थिक झटका था। यह एक विश्वव्यापी आर्थिक मन्दी थी जिसमें स्टॉक प्राइस में भारी गिरावट आयी। यह 20वीं

---

1. "If liberty means anything at all, it means the right to tell people things they do not want to hear." —**George Orwell**
2. If an offense come out of the truth, better is it that the offense come than that the truth be concealed." —**Thomas Hardy**

शताब्दी की सबसे बड़ी और सर्वाधिक व्यापित मन्दी थी, जो विश्वयुद्ध होने के कारणों में से एक है।

एक तीसरी घटना का भी ज़िक्र करना चाहूँगा, बचपन से हम पृथ्वीराज चौहान की कहानियाँ सुनते बड़े हुए हैं। उन्हें हमारे स्वर्णिम इतिहास की स्वर्ण पताका थामे किसी वीर के रूप में चित्रित किया जाता रहा है। वर्तमान टीवी सीरियलों और फ़िल्मों ने भी इस क़हानी को ज़बरदस्त तरीक़े से भुनाया है। हालिया रिलीज़ हुई मूवी 'सम्राट पृथ्वीराज' के पोस्टर में पृथ्वीराज को अन्तिम हिन्दू सम्राट भी बताया गया। उनका इस्तेमाल एक वर्ग विशेष की भावनाओं को उकसाने के लिए किया गया था और एक तरह से देखें तो वर्ग विशेष को अप्रत्यक्ष रूप से निशाने पर लेने के लिए भी। इस विवाद से हुआ कुछ नहीं मात्र मूवी के प्रोड्यसर को मुनाफ़ा हुआ और साम्प्रदायिक माहौल बिगड़ा, जिससे दोनों ही वर्ग विशेष की कथित राजनीतिक पार्टियों को बहसबाज़ी का एक और मुद्दा मिल गया।

अब बात करते हैं कि हमने इन तीनों घटनाओं का ज़िक्र क्यों किया। इनमें से एक घटना राजनीतिक है, एक घटना आर्थिक और एक सांस्कृतिक, इन तीनों में ऊपर से देखने पर कुछ भी समानता नहीं दिखती। परन्तु बात इससे कहीं ज़्यादा गहरी है, और इसमें गोते लगाये बिना समझ नहीं आयेगी। इन घटनाओं का विश्लेषण किये बिना इन्हें जोड़ने वाली कड़ी को समझना मुश्किल है।

सर्वप्रथम पहली घटना पर आते हैं, इसे समझने के लिए थोड़ा पीछे जाना होगा। 1917-1918 में विल्सन प्राधिकरण ने युद्ध के लिए समर्थन जुटाना शुरू किया। नवम्बर 1916 में विल्सन ने चुनाव जिस नारे के सहारे जीता था, वह था 'उसने हमें युद्ध से बचाया' (He kept us out of the war), इसी से समझा जा सकता है कि जनता युद्ध के कितने विरुद्ध थी। और तो और अमेरिका की जनता ब्रिटेन और रूस के विरुद्ध थी, जो अमेरिका के नये सहयोगी थे। अत: प्रशासन ने एक बड़ी प्रोपेगंडा कैम्पेन कमिटी ऑफ़ पब्लिक इंफ़ॉर्मेशन (CPI) के नेतृत्व में लांच किया जिसका उद्देश्य था, युद्ध के लिए माहौल तैयार करना। इन्होंने समाचार-पत्र, पत्रिकाएँ, पोस्टर, रेडियो, और सिनेमा का प्रयोग कर के लोगों में देशभक्ति की भावना का उद्दीपन, और इसी तरह युद्ध के लिए भावनाएँ उत्प्रेरित करना शुरू किया। CPI ने 75000 ऐसे '4 मिनट मेन' तैयार किये जो जगह-जगह 4 मिनट में ही गणतन्त्र, स्वतन्त्रता और जर्मनी के सन्दर्भ में क्रूर और अमानवीय जैसे शब्दों का प्रयोग कर लोगों में विरोध की भावना संचारित की।

बुश ने इन्ही तकनीकों का प्रयोग कर लोगों में वापिस इराक़ के विरुद्ध युद्ध की भावना विकसित की। इस ब्रार उन्होंने जिस तर्क को बार-बार किसी नारे की तरह दुहराया, वह था 'सामूहिक विनाश का हथियार' (weapons of mass destruction)। हालाँकि 11 सितम्बर 2001 के हमले का मास्टरमाइंड अफ़ग़ानिस्तान में बैठा था, बुश की सरकार इराक़ को दुनिया और अमेरिका के लिए ख़तरा दर्शाने लगी। जनवरी 2002 से बुश और सभी उच्चाधिकारियों ने लगातार कई बार अपने भाषणों में इसी 'सामूहिक विनाश के हथियार' का प्रयोग किया।

> *इराक़ी शास्न ने सामूहिक विनाश के हथियारों का इस्तेमाल किया है। उनके पास सामूहिक विनाश के हथियार ही नहीं थे, वे सामूहिक विनाश के हथियारों का इस्तेमाल करते थे। उन्होंने दूसरे देशों में सामूहिक विनाश के हथियारों का इस्तेमाल किया, उन्होंने अपने ही लोगों पर सामूहिक विनाश के हथियारों का इस्तेमाल किया। इसलिए मैं कहता हूँ कि इराक़ एक ख़तरा है, एक वास्तविक ख़तरा है।* **—जॉर्ज बुश**

वस्तुत: इस सामूहिक विनाश के हथियार की कोई निश्चित परिभाषा नहीं थी, और इसकी परिभाषा को परिस्थितियों के अनुसार लगातार बदला गया। इराक़ के पास कोई ऐसे हथियार नहीं पाये गये जो इस तरह की विनाश क्षमता रखते थे, पर उस वक़्त इस परिभाषा में सम्भावित क्षमता को भी जोड़ दिया गया था। विशेषज्ञों का मानना है कि ये सारा खेल मात्र तेल के लिए रचा गया था।

महामन्दी की शुरुआत अमेरिका से हुई थी, और इसे बाक़ी देशों में फैलने से रोका जा सकता था, अगर उचित क़दम उठाये जाते। हम एक ऐसे ग्लोबलाइज़्ड समाज में रह रहे हैं जहाँ विश्व की कोई भी घटना हम तक पहुँच जाती है और हम उस पर एक विस्तृत चर्चा करने बैठ जाते हैं। हम पर किसी चीज़ का प्रभाव पड़ता है तो हम उस पर चर्चा करते हैं पर यह भी सत्य है कि जब हम किसी चीज़ पर चर्चा करते हैं तो उसका प्रभाव हम पर पड़ता है। हुआ भी यही, आर्थिक मन्दी के कई कारणों में से एक कारण यह भी था कि कई निवेशकर्ताओं ने इस बात से प्रभावित होकर इस डर से कि कहीं उनके पैसे न डूब जायें, एक साथ अपने पैसे वापिस ले लिये। नतीज़तन परिस्थितियाँ बिगड़ गयीं। अगर उस पर एक बेहतर विमर्श हुआ होता और उसके परिणामों के बारे में एक भी मंच सामने आया होता तो शायद परिस्थितियाँ इतनी बुरी नहीं हुई होतीं।

अब बात करते हैं पृथ्वीराज की, तो पृथ्वीराज की लोक-कहानियाँ अधिकतर 'पृथ्वीराज रासो' पर आधारित हैं, जो एक साहित्यिक ग्रन्थ है, ऐतिहासिक नहीं। और 'पृथ्वीराज रासो' पर विद्वान अधिकतर ऐतिहासिक प्रामाणिकता का प्रश्न उठाते रहते हैं। इसे कुछ विद्वान प्रामाणिक मानते हैं, कुछ अर्धप्रामाणिक परन्तु इसे पूर्णतः कोई प्रामाणिक नहीं मानता। अव्वल तो इस रचना के चार संस्करण हैं, और कौन सा संस्करण सही है, यही निश्चित करना कठिन है। काल के साथ इसमें प्रक्षिप्त अंश शामिल हो गये हैं जैसा अमूमन सभी लोककथाओं के साथ होता है। दूसरा इसके अन्तर्गत जो घटनाएँ, तिथियाँ और वंश परम्पराएँ वर्णित हैं, उनकी ऐतिहासिक प्रामाणिकता सन्देह के घेरे में है। हीरानन्द ओझा ने इसकी अप्रामाणिकता के पक्ष में ये तर्क दिये :

1. चौहान सूर्यवंशी क्षत्रिय माने जाते हैं, जबकि इस रचना में उन्हें अग्निकुंड से उत्पन्न बताया गया है।
2. उनकी माँ का नाम कमला देवी बताया गया है जबकि ऐतिहासिक साक्ष्य में वह कर्पूरी देवी हैं।
3. चौहानों की वंशावली के 44 नाम दिये गये हैं जिनमें 7 ही प्रामाणिक हैं।
4. उनकी बहन पृथा का विवाह समर सिंह से होना बताया गया है, जबकि समर सिंह पृथ्वीराज की मृत्यु के बाद 100 वर्षों तक जीवित रहे। इसके ऐतिहासिक प्रमाण हैं।
5. पृथ्वीराज के 14 विवाहों का वर्णन है, जबकि 30 वर्ष की उम्र में पृथ्वीराज की मृत्यु हो गयी थी जो तर्कसंगत प्रतीत नहीं होता।
6. ग्रन्थ की भाषा भी बताये गये (5वीं-6वीं शती) काल की नहीं बल्कि 16वीं शती की है।
7. ग्रन्थ में वर्णित पृथ्वीराज के जन्म और मृत्यु का काल भी प्रामाणिक नहीं है।
8. 'रासो' के अनुसार अन्धे पृथ्वीराज ने गोरी को मार डाला था जबकि ऐतिहासिक रूप से गोरी की मौत 1206 ई. में गोरखों के हाथों हुई थी।

यह बात तो ग्रन्थ की हो गयी। इतिहास की मानें तो पृथ्वीराज एक छोटे-से साम्राज्य का सम्राट था, जिसने गोरी से युद्ध ज़रूर किया था, उसे हराया भी था परन्तु उसकी प्रेरणा व्यक्तिगत थी। और तो और धर्म और सभ्यता के प्रति वह उतना सतर्क नहीं था जितना उसे दर्शाया जाता है। वह अपने काल के अन्य सामान्य

राजाओं के समान ही एक सामन्त था। साथ ही अन्तिम हिन्दू सम्राट पृथ्वीराज चौहान नहीं बल्कि हेमू था, जिसने अकबर के ख़िलाफ़ युद्ध किया था। यह समझना आवश्यक है कि 'रासो' ऐतिहासिक नहीं बल्कि साहित्यिक ग्रन्थ है। इतिहास का उद्‌देश्य अतीत की वस्तुनिष्ठ व्याख्या करना है, जबकि साहित्य का उद्‌देश्य भाव और संवेदना को उद्‌दीप्त करना है। 'रासो' के सम्बन्ध में इस बात को पूर्णतः नज़रअन्दाज़ किया गया।

ग़ौर करने वाली बात है कि इन तीनों घटनाओं में क्या साम्य है? इन तीनों घटनाओं में तथ्यों के बजाय भावनाओं को प्रमुखता दी गयी या यों कहें कि भावनाओं को ही तथ्य का रूप दे दिया गया जिसका नतीजा विनाशकारी रहा। इन घटनाओं में भावनाएँ उत्प्रेरित करना ही साध्य था और भावनाएँ ही उसका साधन अर्थात् भावनाओं का प्रयोग कर के ही भावनाएँ उत्प्रेरित कर उससे उद्‌देशित हित साधा गया। यही पोस्ट-ट्रुथ का कार्य है। पोस्ट-ट्रुथ वह नीति है जो एक ऐसी संस्कृति को जन्म देती है जहाँ हमारा ज्ञानक्षेत्र तार्किक न होकर भावनात्मक हो जाता है और हमारी समझ, हमारे निर्णय, और यहाँ तक कि हमारा सम्पूर्ण परिवेश तथ्यों के बजाय राजनीति के तहत उत्प्रेरित या विकसित भावनाओं पर आधारित हो जाता है। यहाँ राजनीति से मेरा अर्थ वह चुनावी राजनीति नहीं बल्कि वह नीति है जिसमें हम उठते-बैठते और जीते हैं।

यहाँ मैं देकार्त को याद करता हूँ, वह कहते हैं कि, "मैं सोचता हूँ, इसलिए मैं हूँ" (I think, therefore I exist), तो उन्हीं की तर्ज़ पर मैं कहना चाहता हूँ कि पोस्ट-टुथ परिवेश के अनुसार "मैं विश्वास करता हूँ, इसलिए यह सत्य है।" पहली घटना में सरकार ने इसी पोस्ट-ट्रुथ का प्रयोग कर जनता को यह विश्वास दिलाया कि इराक़ सच में विश्व सुरक्षा के लिए ख़तरा है, और फिर इस विश्वास का प्रयोग कर उस पर आक्रमण के लिए समर्थन जुटाया और इराक़ पर युद्ध छेड़कर उसे नेस्तनाबूद कर दिया। इस सारे खेल में एक अलग ही व्यक्तिगत हित छिपा था जिस ओर किसी का ध्यान ही नहीं गया। टैरो काड्र्स में जो जादूगर यानी मैजिशियन का कार्ड होता है, उसकी पंक्ति होती है 'इस हाथ को मत देखो, उस वाले को देखो' (dont look at this hand, look at that one), बस यही बात वहाँ भी लागू होती है।

दूसरी घटना में अगर पोस्ट-ट्रुथ परिवेश न होता और लोग उस वक़्त उस पर विमर्श करते और उसके परिणामों का विश्लेषण करते तो यह मन्दी शायद इतनी बड़ी न होती। फ्रीडमैन और श्वाट्र्ज ने तर्क दिया कि यदि फ़ेडरल रिज़र्व ने त्वरित

कार्रवाई की होती, तो स्टॉक मार्केट क्रैश के साथ शुरू होने वाली अर्थव्यवस्था में गिरावट केवल एक सामान्य मन्दी होती। इस तर्क की पुष्टि गवर्नर बेन बर्नान्के ने की, "फ़ेडरल रिज़र्व के आधिकारिक प्रतिनिधि के रूप में अपनी हैसियत का थोड़ा-सा दुरुपयोग करके मैं अपनी बात समाप्त करता हूँ। मैं मिल्टन और अन्ना से कहना चाहूँगा : महामन्दी के सम्बन्ध में, आप सही हैं। हमने यह किया। हमें बहुत खेद है। लेकिन आपका धन्यवाद, हम इसे दोबारा नहीं करेंगे।" इसी तरह अगर हमने वर्तमान परिस्थितियों पर वक़्त रहते ध्यान नहीं दिया तो उसका परिणाम इसी तरह विनाशकारी हो सकता है।

तीसरी घटना में पृथ्वीराज को नायक बनाकर लोक-कहानियों के सहारे एक कथ्य की रचना की गयी, जिसके केन्द्र में वर्ग विशेष की भावनाओं का उद्दीपन था। इस कथ्य के सहारे वास्तविक इतिहास का प्रतिस्थापन एक कथ्य के द्वारा कर दिया गया, ताकि अपने राजनीतिक हित साधे जा सकें और एक विशेष वर्ग की जनता के मत को अपने ध्येय की ओर मोड़ा जा सके और अपने फ़ायदे के अनुरूप स्वरूप दिया जा सके।

'पोस्ट-ट्रुथ' शब्द सर्वप्रथम 1992 में अमेरिकी लोगों द्वारा वाटरगेट और ईरान-कॉन्ट्रा जैसे राजनीतिक घोटालों की प्रतिक्रियाओं पर स्टीव टेसिच की 'द नेशन पत्रिका' में छपी प्रतिक्रिया में प्रयोग किया गया था।

"अब तक के सभी तानाशाहों को सच्चाई को दबाने के लिए कड़ी मेहनत करनी पड़ी है। हम, अपने कार्यों से, कह रहे हैं कि यह अब आवश्यक नहीं है [...] एक बहुत ही मौलिक तरीक़े से, एक स्वतन्त्र लोगों के रूप में, हमने स्वतन्त्र रूप से निर्णय लिया है कि हम किसी पोस्ट-ट्रुथ दुनिया में रहना चाहते हैं... " ("All the dictators up to now have had to work hard at suppressing the truth. We, by our actions, are saying that this is no longer necessary [...] In a very fundamental way we, as a free people, have freely decided that we want to live in some post-truth world...")

हालाँकि बस पिछले 2-3 सालों में इस विचार और इससे जुड़े विमर्शों ने ज़ोर पकड़ा है। 2015 में मीडिया और राजनीति विशेषज्ञ जैसन हार्सिन ने प्रभावशाली रूप में एक पारिभाषिक शब्द लॉन्च किया 'पोस्ट-ट्रुथ शासन' (regime of post-truth) इन्होंने जानबूझ कर शासन/regime शब्द का प्रयोग किया यह जताने के लिए कि यह ज्ञानमीमांसा का एक नया मोड़ है जो नवव्यवस्थित है। इस व्यवस्था के कई आयाम हैं। राजनीति उत्प्रेरित एजेंट अब संज्ञानात्मक विज्ञान, और कई छोटी-छोटी

घटनाओं और आम जनता की भावनाओं और महत्त्वाकांक्षाओं को ध्यान में रखते हुए कई परिष्कृत मैनिपुलेशन तकनीक का प्रयोग कर उनकी चर्चाओं और उनके मत को प्रभावित करते हैं। साथ ही, एक ही बात को बार-बार जान-बूझकर दुहराया जाता है, (भले ही उसे आराम से किसी तथ्य से ख़ारिज किया जा सकता है) ताकि वह जनता के मन में बैठ सके। कई बौद्धिक इसे पागलपन ठहराते हैं, दर्शनशास्त्री ए.सी. ग्रेलिंग ने चेताया कि हम 'बौद्धिक अखण्डता की भ्रष्टता' और 'लोकतन्त्र की संरचना की क्षति' की ओर बढ़ रहे हैं।

सुकरात ने एक बात कही थी, "ग़लत विचार रखने से बेहतर है कि अपने विचार बदल लिए जायें।" (It is better to change an opinion than to persist in a wrong one.)। दुःख इस बात का है लोग अब अपने विचारों को लेकर भावनात्मक हो गये हैं और किसी विचार पर तर्क उन्हें अपनी भावना पर आक्षेप प्रतीत होता है। वह पूरे मनोयोग से येन-केन प्रकारेण अपने विचार की प्रतिरक्षा में लग जाते हैं। उन्होंने यह भी कहा था, "श्रेष्ठ मानस विचारों पर चर्चा करता है, औसत मानस घटनाओं पर चर्चा करता है, कमज़ोर मानस लोगों पर चर्चा करता है।" (Strong mind discuss ideas, average mind discuss events, weak minds discuss people.) हमें ख़ुद से यह सवाल पूछना चाहिए कि हम श्रेष्ठ मानसिकता की ओर बढ़ रहे हैं या कमज़ोर मानसिकता की ओर। मैंने यहाँ सुकरात का ज़िक्र इसलिए किया क्योंकि हम उस काल में जी रहे हैं जहाँ सुकरात के विचार उतने ही प्रासंगिक हैं जितने तब थे, और दूसरा इसलिए कि सुकरात ने तब सत्य बोलने की कोशिश की, लोगों में समीक्षात्मक सोच विकसित करने की कोशिश की और यह भी कि उन्हें प्रश्न पूछने की कला सिखानी चाही। नतीजा यह हुआ कि उन्हें मृत्युदण्ड दिया गया। इतिहास अपने आप को दुहराता अवश्य है, परन्तु आवश्यक नहीं कि हम वापिस उन्हीं परिस्थितियों में उलझे रहें। हमें यह ध्यान देना होगा कि कहीं हम अपने भीतर के सत्यवादी, समीक्षात्मक और निर्भीक जिज्ञासु सुकरात का गला तो नहीं घोंट रहे।

अरस्तू कहते हैं—"एक स्वतन्त्र विचारक बनें, और जो कुछ भी आप सुनते हैं, उसे सत्य के रूप में स्वीकार न करें, आलोचनात्मक बनें और आप जिस पर विश्वास करते हैं, उसका मूल्यांकन करें।" (Be a free thinker, and don't accept everything you hear as truth, Be critical and evaluate what you believe in.) अर्थात् हमें सदैव अपने पूर्वाग्रहों, यथा—जाति, धर्म और समाज को अलग रखकर एक स्वतन्त्र मन से और निरपेक्ष भाव से विचार करना चाहिए,

और जो भी आप सुनते हों, उसे सत्यापित किये बिना उस पर यों ही यक़ीन नहीं कर लेना चाहिए। हमें अपने भीतर एक समीक्षात्मक क्षमता विकसित करनी चाहिए और अपने विश्वास पर भी सवाल उठाना चाहिए।

पोस्ट-ट्रुथ एक तरह का जन-केन्द्रित विमर्श है जिसमें आम जनता की राय को प्रभावित करने के लिए व्यक्तिगत आस्था और विश्वास को साक्ष्य और तर्क से ज़्यादा तरजीह दी जाती है। पोस्ट-ट्रुथ परिवेश में अक्सर वैज्ञानिक और विशेषज्ञों की राय को अनदेखा कर दिया जाता है, और बड़े आराम से एक वैकल्पिक राय को वैज्ञानिक तथ्य की तरह पेश किया जाता है। लोग सार्वजनिक रूप से किसी भी मुद्दे पर अपने मत ऐसे प्रस्तुत करते हैं जैसे वो तथ्यों और साक्ष्यों पर आधारित हो, और सोशल मीडिया की वजह से कोई भी आराम से सार्वजनिक मंच पर आ सकता है। सेलिब्रिटी अब तार्किक विमर्श और साक्ष्य को अपदस्थ कर देते हैं और मज़े की बात यह है कि उनके किये और कहे को लेकर कोई उत्तरदायी नहीं होता।

रिक वॉरेन कहते हैं, "झूठ सत्य नहीं हो जाता, ग़लत सही नहीं हो जाता, और बुराई अच्छाई नहीं हो पाती, मात्र इसलिए कि वह बहुमत द्वारा स्वीकृत है।" (A lie does not become truth, a wrong does not become right, an evil does not become good, just because it is accepted by a majority.) इसका अर्थ यह नहीं कि सत्य लुप्त हो जाता है किन्तु किसी भी गणतान्त्रिक समाज की समस्या यही है कि सजा-सँवरा झूठ अक्सर सत्य के वेश में घूमता रहता है, बस इसलिए कि लोग उसे जानते और मानते हैं, और सच किसी कोने में बैठा टेसू बहा रहा है। और यह स्थिति इस समाज के लिए बहुत ही घातक है।

यह विचित्र विडम्बना है कि जब सत्य की सबसे ज़्यादा आवश्यकता होती है, मसलन किसी युद्ध या प्राकृतिक आपदा के वक़्त, तभी वह कहीं छिप जाता है और सत्य और मिथ्या की विभाजन रेखाएँ धुँधली हो जाती हैं। हमें अपनी तर्कक्षमता को इस धुँधलेपन से बचाना और इस परख को अपने भीतर जगाना बेहद आवश्यक है। हमारे संविधान ने हमें अभिव्यक्ति की स्वतन्त्रता का अधिकार दिया है, और एक नागरिक के तौर पर यह हमारी ज़िम्मेदारी है कि हम इस अधिकार की आत्मा को समझें और इसका दुरुपयोग न करें, न करने दें। लेकिन दुर्भाग्य की बात यह है कि इस पोस्ट-ट्रुथ परिवेश में सोशल मीडिया पर लोग कुछ भी अभिव्यक्त करते हैं और फिर उसका उत्तरदायित्व नहीं लेते, उसके परिणामों से अलग हो जाते हैं।

इस प्रसंग में मुझे विद्योत्तमा और कालिदास की कहानी याद आती है। उनके विवाह का प्रसंग बड़ा रोचक है। अनेक विद्वान जब विद्योत्तमा से शास्त्रार्थ

में हार गये तो उन्हें बड़ा दु:ख हुआ और अपमान से भटकते हुए वे कालिदास से मिले। कालिदास जिस डाल पर बैठे थे, उसी को काट रहे थे। उन्होंने सोचा कि विद्योत्तमा की शादी इसी मूर्ख से करा दी जाये। कालिदास को सुन्दर वस्त्र पहनाकर उसे विद्वान बताकर शास्त्रार्थ के लिए प्रस्तुत कर दिया और विद्योत्तमा से कहा गया कि वे मौन साधना में रत हैं, अत: संकेतों में शास्त्रार्थ करेंगे।

शास्त्रार्थ शुरू होने पर विद्योत्तमा ने एक उँगली दिखायी, जवाब में कालिदास ने दो उँगली दिखायी। फिर उन्होंने पाँच उँगली दिखायी, कालिदास ने मुट्ठी दिखायी। विद्योत्तमा ने अपनी हार स्वीकारते हुए विवाह मंज़ूर कर लिया। विद्वानों के पूछने पर उन्होंने कहा, "मैंने परमात्मा को एक बताया, कालिदास ने दो उँगली दिखाकर जीव और ब्रह्म के द्वैत का संकेत दिया। मैंने जब पाँच उँगली दिखाकर पंचेन्द्रियों की बात की, तो उन्होंने मुट्ठी दिखाकर बताया, उन्हें संचालित करने वाला मन एक है।" कालिदास से अकेले में पूछने पर उन्होंने कहा, उन्होंने मेरी आँख फोड़ने की—बात की, मैंने कहा मैं दोनों फोड़ दूँगा। उन्होंने हाथ दिखाकर कहा कि मैं थप्पड़ मारूँगी, मैंने मुक्का दिखाकर जता दिया कि मैं मुक्का मारूँगा।

इसी तरह वर्तमान समाज की सभी राजनीतिक, आर्थिक, सामाजिक और वैचारिक विवाद मूक और परोक्ष हैं। हमारे यहाँ से प्रकट और सीधे संवाद की परम्परा ख़त्म होती जा रही है। ऐसे में यह बहस और विवाद मात्र एक भ्रान्ति की रचना करते हैं, जिसे अपनी-अपनी समझ के अनुसार सुलझाने के लिए छोड़ दिया जाता है।

पोस्ट-ट्रुथ और वर्तमान : एक इतिहास

तथाकथित पोस्ट-ट्रुथ समाज प्राथमिक रूप से तथ्यों पर ध्यान केन्द्रित करने में हमारी अक्षमता का परिणाम नहीं है; कहानियों को गहराई से पढ़ने में हमारी विफलता का परिणाम है।[1] ***—ताबिश खैर***

हमें किसी तथ्य के मूल्य को कम नहीं आँकना चाहिए; यह एक दिन सत्य में विकसित हो जायेगा।[2] ***—हेनरी डेविड थोरौ***

पोस्ट-ट्रुथ के विषय में विभिन्न अवधारणाएँ एवं विचार प्राप्त होते हैं। इसे भिन्न-भिन्न पद्धतियों से जाना और समझा जा सकता है। पोस्ट-ट्रुथ शब्द का प्रयोग सर्वप्रथम पश्चिमी अकादमिया में 21वीं शताब्दी के शुरुआत में हुआ, किन्तु पोस्ट-ट्रुथ एक बिल्कुल ही नयी परिकल्पना थी, जो बहुत कम समय में बहुत ज़्यादा लोकप्रिय हो गयी। सर्वप्रथम 2016 में ऑक्सफ़ोर्ड इंग्लिश डिक्शनरी ने इस शब्द 'पोस्ट-ट्रुथ' को 'वर्ड ऑफ़ द ईयर' घोषित कर इस पारिभाषिक शब्दावली की तरफ़ लोगों का ध्यान खींचा, साथ ही इसे चर्चा का केन्द्र बना दिया। यह विचार बहुत ज़्यादा प्रचलित इसलिए भी हुआ क्योंकि इसे राजनीति से जोड़कर देखा जाने लगा। यूँ कहें कि वर्तमान दौर की राजनीति के दाँवपेंच समझने में और उसके पीछे की पूरी कार्यान्वयन शैली को व्याख्यायित करने में ये सिद्धान्त बहुत उपयोगी सिद्ध हुआ।

---

1. "The so-called post-truth society is not primarily the result of our inability to focus on facts; it is due to our failure to read stories deeply". **—Tabish Khair**
2. "Let us not underrate the value of a fact; it will one day flower into a truth". **—Henry David Thoreau**

लेकिन यह समझना कि पोस्ट-ट्रुथ सर्वथा नवीन विचार है, सत्य नहीं है। जब से संसार में सत्ता और सामाजिक व्यवस्था का अस्तित्व रहा है, तब से पोस्ट-ट्रुथ भी परदे के पीछे सतत कार्यशील रहा है, किन्तु इसे प्रकाश में लाने का काम अब शुरू हुआ है। ऑक्सफ़ोर्ड डिक्शनरी में पोस्ट-ट्रुथ के विषय में यह बताया गया है कि ऐसी परिस्थितियाँ जिनमें जनता की राय को रूप देने में वस्तुनिष्ठ सत्य नहीं बल्कि वे विचार महत्त्वपूर्ण होते हैं, जो आपकी भावनाओं और व्यक्तिगत धारणाओं को ज़्यादा उत्प्रेरित करते हैं। अर्थात् हम हमेशा उस मत को चुनते हैं, जो हमारी पूर्व निर्धारित धारणाओं और भावनाओं के साथ उचित सामंजस्य बना ले और पोस्ट-ट्रुथ जनता के लिए ऐसी परिस्थितियाँ निर्मित करता है। इस परिभाषा से जो महत्त्वपूर्ण बिन्दु परिलक्षित होता है, वह यह कि पोस्ट-ट्रुथ आपकी भावनाओं के साथ खेलता है। यह वास्तविक तथ्य को सामने लाने के बजाय आपकी व्यक्तिगत धारणा को लक्ष्य बनाता है।

मनुष्य के व्यक्तित्व और उसकी समझ का निर्माण करने में, उसे 'मनुष्य' बनाने में कई परिस्थितियाँ ज़िम्मेदार होती हैं। मनुष्य के लिंग, उसकी जाति, उसकी सामाजिक-आर्थिक परिस्थितियों, उसके रंग, उसकी परवरिश, उसके धर्म, उसके प्रदेश का, उसकी शिक्षा-दीक्षा, यहाँ तक कि उसके माता-पिता के व्यक्तित्व तथा सामाजिक-आर्थिक परिस्थिति का भी उसमें हाथ होता है। मानव मस्तिष्क जिन परिस्थितियों में विकसित होता है, वे उन्हें किसी विशेष विचार धारणा की सीमा में चाहे-अनचाहे बाँध देती हैं। वह उन्हीं सीमाओं में बड़ा होता है और उनके अनुरूप कार्य करना चाहता है, उनके विरुद्ध जाना उसके लिए सामान्यतः सम्भव नहीं हो पाता। बिना उच्च श्रेणी की तार्किकता और बौद्धिकता के, इन सभी सीमाओं का अतिक्रमण करने वाले व्यक्तित्व या विचार सम्भव नहीं है। जबकि सत्य वह होता है जो आपकी धारणाओं और भावनाओं से सर्वथा अलग भी हो सकता है। पोस्ट-ट्रुथ का उद्देश्य वस्तुनिष्ठ सत्य को बाहर ना लाकर ऐसी परिस्थितियों का निर्माण करना है, जिसे तोड़-मरोड़ कर ऐसे प्रस्तुत किया जा सके जिससे आपकी भावनाओं को ऐसा लगे कि यही सत्य है। यह लोकप्रिय धारणाओं को भुनाने का प्रयास करता है। वर्तमान युग में यह उन्हीं चीज़ों को सामने लाता है, उन्हीं मतों पर बात करता है, आँकड़ों को इस ढंग से प्रयोग करता है जिससे आप उस निष्कर्ष पर पहुँच सकें, जहाँ आपको वो पहुँचाना चाहते हैं। अर्थात् किसी बात को इस ढंग से प्रस्तुत करना कि वही सत्य लगने लगे। दूसरे विश्वयुद्ध को हम एक व्यष्टि अध्ययन के तौर पर देखें, तो हम पोस्ट-ट्रुथ को अच्छी तरह समझ सकते हैं। हिटलर के मन्त्री

गोएबल्स ने जाने-अनजाने पोस्ट-ट्रुथ का बेहतरीन इस्तेमाल किया। आख़िर क्या था जिसने एक बड़े जनसमुदाय को इस विश्वास में बाँध दिया कि उसके साथ जो हो रहा है वो ग़लत हो रहा है। गोएबल्स ने कई माध्यमों से लोगों तक एक ही मत पहुँचाना शुरू किया। उसने एक पूरा ऐसा माहौल खड़ा किया, जिसने उस मत को पुष्टि दी, और एक ऐसा परिदृश्य बनाया जिससे उसकी कही बात ही सत्य समझी जाये। उसने लोगों के मन में मौजूद शंकाओं का इस्तेमाल किया और उन्हें अपने कथ्यानुसार प्रयोग किया।

ऑक्सफ़ोर्ड डिक्शनरी द्वारा दी गयी परिभाषा पर अनेक विद्वानों ने अपने मत दिये। इनमें अधिकतर तो इससे सहमति रखते हैं पर बहुत सारे विचारक ऐसे भी हैं, इस परिभाषा से सहमत नहीं हैं। इनमें से एक महत्त्वपूर्ण नाम स्टीव फुलर का है। इनका मानना है कि ऑक्सफ़ोर्ड डिक्शनरी में दी गयी परिभाषा में पोस्ट-ट्रुथ को भावनाओं से सम्बद्ध करना, एक ऐसा शब्द-जाल बुनना है, जो किसी शब्द के वास्तविक अर्थ को अवरुद्ध कर देता है। अर्थात् पोस्ट-ट्रुथ की परिभाषा को भावनाओं के साथ जोड़कर देखा नहीं जाना चाहिए। इससे उसके वास्तविक अर्थ स्पष्ट नहीं हो पाते हैं। परन्तु फुलर इस बात को नज़रअन्दाज़ कर देते हैं कि पोस्ट-ट्रुथ का सम्बन्ध ही भावनाओं के साथ है।

ऑक्सफ़ोर्ड डिक्शनरी द्वारा दी गयी पुस्तक की परिभाषा से सहमति-असहमति एक वैचारिक मतभेद है, क्योंकि सत्य का भी अपना एक दृष्टिकोण है। हमारा समाज विभिन्न वर्गों में बँटा हुआ है जिसमें यह बात आसानी से समझी जा सकती है कि एक तबक़ा अपनी यथास्थिति को बनाये रखना चाहता है, वहीं दूसरा तबक़ा जो कि उस स्थिति में अपने को नीचे पाता है, वह उसको बदलना चाहता है। पोस्ट-ट्रुथ इस बात पर भी बल देता है, इसके प्रति आपका दृष्टिकोण क्या है। जैसा कि हम पहले कह चुके हैं, मनुष्य का समुदाय, वर्ग, लिंग या जाति उसके दृष्टिकोण को प्रभावित करती है। इसलिए हमें पोस्ट-ट्रुथ के केवल नकारात्मक पक्ष को नहीं देखना चाहिए बल्कि इसके अन्य पहलू पर भी विचार करने का प्रयत्न करना चाहिए, जो सकारात्मक हो सकता है। इसका अर्थ यह नहीं कि हम अपनी भावनाओं और व्यक्तिगत धारणाओं के ग़ुलाम हो जायें, बल्कि यह है कि हमें तर्क और बुद्धि का प्रयोग कर सत्य के मौलिक स्रोतों पर भी अनिवार्य रूप से विचार करने की आवश्यकता है। एक वाक़या याद आता है जो मेरी इस बात को और बेहतर तरीक़े से समझने में मददगार हो सकता है। 2016 के अमेरिकी राष्ट्रपति

चुनाव के समय हिलेरी क्लिंटन ने डॉनल्ड ट्रंप पर छींटाकशी करना शुरू किया और यहाँ तक कि ट्रंप के समर्थकों को भी नहीं छोड़ा। अपशब्दों का प्रयोग करते हुए क्लिंटन ने ट्रंप पर आरोप लगाया कि ट्रंप के समर्थक विकास के प्रति न्यू लिबरल वेलफ़ेयर स्टेट (New Liberal Welfare State) के एजेंडा को प्रमुखता न देते हुए उसे रोकना चाहते हैं। ट्रंप ने भी हिलेरी क्लिंटन पर जम के छींटाकशी की। मज़े की बात यह है कि इसी पोस्ट-ट्रुथ स्थिति का ट्रंप ने फ़ायदा उठाया और उसी को मुख्य एजेंडा बनाकर अपने चुनावी आन्दोलन को आगे बढ़ाया। पोस्ट-ट्रुथ स्थिति का अर्थ एक ऐसी स्थिति उत्पन्न करना है जिसमें आप सिर्फ़ दिये गये नियमों के साथ नहीं जीतते बल्कि जीतने के प्रयास में आप बनाये गये नियमों को अपने नियन्त्रण में भी कर लेते हैं या करने का प्रयास करते हैं। जैसा कि हम जानते हैं, हमारा संविधान सर्वहित में लगातार नये-नये नियमों को जोड़ता रहता है जिससे सबका हित हो और और उन पुराने नियमों को हटाता है जो कि एक वर्ग विशेष या लिंग विशेष को उसके अधिकारों से वंचित रखता है। जो प्रधान वर्ग है, वह उन नियमों को बनाये रखना चाहता है क्योंकि वह उन दिये हुए नियमों या पहले से बनाये गये नियमों से लाभान्वित होता रहता है, जबकि वहीं दूसरा वर्ग उन नियमों को बदलना चाहता है जिससे कि वह अपने अधिकार पा सके। पोस्ट-ट्रुथ आपके भीतर एक आत्मविश्वास भरता है कि सामने वाले प्रतिद्वन्द्वी को हरायें इस ज्ञान के साथ कि खेल का नियम कभी भी बदल सकता है। उससे होता यह है कि आपके प्रतिद्वन्द्वी का तरीक़ा कुछ इस तरह बदल सकता है कि उससे आपको फ़ायदा मिल जाये।

2016 के अमेरिकी चुनावी अभियान में 'फ़ेक न्यूज़' का चलन इतना बढ़ गया कि अमेरिकन मीडिया की विश्वसनीयता पर प्रश्न उठने लगे। उसने जनमानस को इतना भ्रमित कर दिया कि उन्हें अपनी तर्कशक्ति पर निर्भर होकर फ़ैसले लेने पड़े, और हर व्यक्ति को यह लगने लगा कि उसे ख़ुद निश्चित करना चाहिए कि क्या सही है और क्या ग़लत। एक तरह से देखा जाये तो यह कहा जा सकता है कि लोग सही-ग़लत का निर्णय लेने गें पूर्णतः सक्षम हैं लेकिन दूसरा पहलू यह भी है कि सोशल मीडिया ने एक उन्माद की स्थिति पैदा कर दी है। यहाँ अमेरिकी चुनाव का सन्दर्भ लेना उचित होगा। जब रिपब्लिकन पार्टी ने ट्रंप को और डेमोक्रेटिक पार्टी ने हिलेरी क्लिंटन को अपना प्रतिनिधि चुना तो अमेरिका के सुस्थापित न्यूज़ चैनलों (फ़ॉक्स और सीएनएन न्यूज़) ने अपना-अपना पक्ष चुन लिया। फ़ॉक्स न्यूज़ (fox news) और सीएनएन में एक तरह का द्वन्द्व शुरू हो गया, जिससे ऐसा लगने लगा

कि फ़ॉक्स न्यूज़ सिर्फ़ ट्रंप की उपलब्धियों पर ध्यान दे रहा था और सीएनएन ट्रंप की उपलब्धियों को छोड़कर इस बात पर ध्यान देने लगा कि कैसे ट्रंप को ऑफ़िस से हटाया जाये। कौन सही कौन ग़लत, इससे महत्त्वपूर्ण होना चाहिए था कि क्या ग़लत क्या सही। सबसे मज़ेदार बात तो यह है कि न्यूज़ मीडिया हमें तथ्यों को ऐसे दिखाती है जैसे हम मूर्ख हों और उसके बाद सही-ग़लत का निर्णय हम पर छोड़कर मुक्त हो जाती है।

पोस्ट-ट्रुथ के कई आयाम हैं, जिनमें से एक यह भी है कि इसका उपयोग सत्य को दिग्भ्रमित करने के लिए किया जाता है, जिस कारण इसका प्रयोग राजनीति में भी किया जाता है। कुछ लोग पोस्ट-ट्रुथ को झूठ का पर्याय या झूठ फैलाने का साधन मात्र समझते हैं। उनका मत है कि इसका प्रयोग राजनीति में ही ज़्यादा होता है। ऐसा समझना पोस्ट-ट्रुथ को एक सीमा में बाँधना है। ये विचार सिर्फ़ इस बात के द्योतक हैं कि आप सत्य की अवस्था को लेकर चिन्तित हैं, आपको लगता है कि सत्य ख़तरे में है। बल्कि इसे इस तरह से भी देखा जा सकता है कि लोग इसे किसी और विस्तृत दृष्टिकोण से देखना चाहते हैं।

यह कहना आवश्यक नहीं है कि वाद-विवाद किसी विवादास्पद मुद्दे पर ही किया जाता है। ऐसे में यह बात ध्यातव्य हो जाती है कि यह मुद्दे किसी वैकल्पिक विचार की माँग करते हैं। इन्हें एक नये दृष्टिकोण से देखना, इन पर एक नये सिरे से विचार करना और इनका एक तरह से पुन:पाठ आवश्यक है। किसी नयी दृष्टि को इस आधार पर सिरे से ख़ारिज करना कि वह सत्य को तोड़-मरोड़ रही है, एक संकुचित सोच का परिचायक है।

अगर हम सत्य की बात करें, सत्य सदा ही विचारों के केन्द्र में रहा है। प्लेटो और सुकरात जैसे विचारकों ने इस विषय पर अपने विचार रखे हैं। सुकरात का मानना था कि अज्ञान एक समस्या है, परन्तु इसका समाधान सरल है। ख़तरा तो तब है जब अज्ञान को ही ज्ञान या सत्य मान लें, और लोग उस मिथ्या को ही सत्य मानकर आगे बढ़ने लगें। अरस्तू अपनी किताब 'तत्त्व मीमांसा' (meta physics) में लिखते हैं कि, "जो है उसको कहना कि नहीं है और जो नहीं है उसको कहना कि है, यह ग़लत है। जो है, वह है और जो नहीं है, वह नहीं है, यह सही है।" दार्शनिकों द्वारा इस बात पर बहुत चर्चा की गयी है कि अरस्तू का दिया गया विचार सत्य के बारे में कितना सही है। व्यवहारवाद का अपना मत है और अर्थवाद का अपना मत है, लेकिन सब इस बात पर सहमत होते हैं कि सत्य महत्त्वपूर्ण है। प्रश्न यह नहीं है

कि हमारे पास सत्य का सिद्धान्त है या नहीं, प्रत्युत यह जानना आवश्यक है कि वे कौन से तरीक़े हैं जो सत्य को खण्डित करने में मदद करते हैं। कुछ झूठ ऐसे होते हैं जो ग़लती से बोले जाते हैं न कि वक्ता जान-बूझकर बोलना चाहता था। वह ग़लती सुविचारित नहीं होती है। दूसरा कथन ऐसा होता है जो हमें पता नहीं होता है। हम उस तथ्य को अज्ञानता में बोलते हैं। हम यह जानने का कष्ट नहीं उठाते हैं कि उस तथ्य में कितना सत्य है या कितना झूठ। हम वक्ता को यह कहकर दोषी ठहरा सकते हैं कि आलस्य में आकर वह सत्य जानने के लिए प्रयासरत नहीं हुआ। तीसरा कथन वह होता है जो धोखा देने के लिए सुविचारित रूप से बोला गया होता है। वक्ता का मन्तव्य ही तोड़ना-मरोड़ना होता है। पोस्ट-ट्रुथ का सम्बन्ध इसी तीसरे कथन से है।

कई बार ऐसा होता है कि लोग बकवास करते हैं, इसका मतलब यह नहीं है कि वह झूठ बोल रहे हैं बल्कि यह समझना चाहिए कि वह सत्य को लेकर उदासीन हैं। उदाहरणतः माँ जब अपने बच्चे को बहलाने-फुसलाने के लिए जानवरों के बातचीत करने, और परियों के देश की कहानियाँ सुनाती है या किसी चीज़ का या भूत, शेर, भालू आदि का भय दिखाती है, तो इसका मतलब यह नहीं है कि वह झूठ बोल रही है। हम जब अपने छोटे भाई-बहनों से मज़ाक़ कर रहे होते हैं, तो वह कथन झूठ की श्रेणी में नहीं आता। पर यह झूठ पोस्ट-ट्रुथ से सम्बन्ध नहीं रखता क्योंकि यहाँ प्रभाव में लाने, प्रभावित करने और अपने पक्ष में कर लेने जैसी बातें इस परिदृश्य में बेमानी हैं। जब विश्वसनीय सूत्रों पर प्रश्नचिह्न उठने लगे और उनकी प्रामाणिकता विवादों के घेरे में आ जाये, तब वह चिन्ता का विषय हो जाता है। वे सच को ऐसे पेश करते हैं कि वह उन्हीं का पक्ष ले और उनका इरादा यही होता है कि वह दूसरों को प्रभावित कर सके।

ली मैकइंटायर अपनी किताब 'पोस्ट-ट्रुथ' (2018) में लिखते हैं कि, "पोस्ट-ट्रुथ वो है जब लोगों की प्रतिक्रिया झूठे तथ्य को लेकर बदल जाये।" अर्थात् जब झूठे तथ्य को लोग सत्य मानने लगें, उससे स्पष्टतः प्रभावित होने लगें, वहीं से पोस्ट-ट्रुथ की शुरुआत होती है। वर्तमान में हम अगर कोई फ़ेक न्यूज़ देखते हैं तो उसे नज़रअन्दाज़ करके आगे बढ़ जाते हैं, उस पर रोष नहीं करते, यह पोस्ट-ट्रुथ का ही परिणाम है। ऑन बुलशिट (2005) में हैरी फ्रैंकफ़र्ट लिखते हैं कि, "सच को लेकर उदासीन होना भी पोस्ट-ट्रुथ का ही लक्षण है।" चाहे आप सच को लेकर धोखा दे रहे हों या सच के प्रति उदासीन हों, आप सच को पसन्द नहीं करते या सच के बारे में आप भ्रमित हैं, यह सारे बिन्दु पोस्ट-ट्रुथ की ओर इंगित करते हैं।

किसी भी समाज के मूल में सत्य होता है, और सत्य के स्वरूप के साथ छेड़छाड़ करना, उस समाज के मानवीय मूल्यों के साथ छेड़छाड़ करना है। यह किसी भी समाज के लिए हितकारी नहीं हो सकता। दुखद यह है कि वर्तमान में समाज के आर्थिक, सामाजिक और राजनीतिक, हर क्षेत्र में मूल्यों का निरन्तर पतन होता जा रहा है। आज के नेताओं ने भावनात्मक अपील और वैचारिक उद्देश्यों को अपना हथियार बना लिया है और राजनीतिक मूल्यों को नज़रअन्दाज़ करते जा रहे हैं। पूर्व के राजनीतिक व्यक्तित्वों में यह बात नहीं थी, वे उसूलों और मूल्यों के पक्के थे। वे सत्य के मूल्यों का आदर करते थे, और किसी भी शर्त या क़ीमत पर सत्य के साथ समझौते नहीं करते थे। उदाहरणतः नेहरू और पटेल में सदैव वैचारिक मतभेद रहे, परन्तु भारत के प्रगति का ध्येय उनके मन में एक था, और यह मतभेद कभी उस ध्येय के आड़े नहीं आया। उनका मतभेद कभी मनभेद में नहीं बदला। इतिहास में कोई ऐसा दृष्टान्त नहीं मिलता जहाँ इन्होंने सार्वजनिक रूप से एक-दूसरे की फ़िज़ूल आलोचना की हो या एक-दूसरे के चरित्र पर छींटाकशी की हो। पी.एन. चोपड़ा अपनी किताब 'कलेक्टेड वर्क्स ऑफ़ पटेल' में लिखते हैं कि, "पटेल कहते हैं कि ब्रिटिश रूल को हटाने में हमारे नेता गांधी जी का बहुत बड़ा हाथ था, और प्रशासन के क्षेत्र में हमारे नेता जवाहरलाल नेहरू जी की कुशलता और तीक्ष्ण बुद्धि अतुल्य है। मैं जिस निष्ठा से गांधी जी की सेवा करता आया हूँ, उसी निष्ठा से नेहरू जी की भी सेवा करूँगा, यह मेरा कर्तव्य है।" यहाँ यह उदाहरण देने का तात्पर्य यह है कि आज के नेताओं में ऐसे दृढ़ नैतिक मूल्य, ऐसी कर्तव्यनिष्ठता और ऐसी एकनिष्ठता विरले ही मिलती है। हम यह कह सकते हैं कि पूर्व के नेता इस पोस्ट-ट्रुथ वातावरण से प्रभावित नहीं हुए, उन्होंने अपने मूल्यों और एकनिष्ठता को अपने निजी हितों से ऊपर रखा। आज के नेता अपने निजी हित से ऊपर कुछ भी नहीं देख पाते।

जर्मन समाजशास्त्री मैक्स वेबर की एक संकल्पना है—करिश्माई सत्ता (charismatic authority)। ये इस तरह की सत्ता है जिसमें नेतृत्व नेता के करिश्माई व्यक्तित्व से उभरता है। जो नया करिश्माई राजनीतिक नेतृत्व है, इसे किसी नाटक के तौर पर देखा जा सकता है जिसमें नेता, अभिनेता बन गये हैं और जनता प्रशंसक या फैन। नेता चाहते हैं कि उनके करिश्मे का जादू बना रहे और वे अपने विशेष होने का भ्रम या सेलिब्रिटी स्टेटस बनाये रखते हैं। उनके इस चकाचौंध-भरे मायाजाल के पीछे कोई सत्त्व नहीं होता, वो बस अपना प्रचार करने में लगे हुए हैं। दूसरी तरफ़ मतदाता भी अन्तर्निहित सत्य को नहीं देखते। उनके लिए भावनात्मक अन्तःसम्बन्ध

ज़्यादा महत्त्वपूर्ण हो जाता है। ये जो चुनावी कला है, ये पोस्ट-ट्रुथ नेतृत्व के जन्म की तरफ़ इशारा करती है। पोस्ट-ट्रुथ नेतृत्व इस चकाचौंध-भरे मायाजाल को स्वीकार करता है। उनके लिए सच में भावनाएँ महत्त्वपूर्ण हैं न कि तथ्य। नेता अक्सर लोगों की भावनाओं से जुड़ने की कोशिश करते हैं। वे कोई ऐसा दिखावा करते हैं जिससे जनता की भावनाएँ उनसे जुड़ जायें और इस मुखौटे या ढाल के पीछे छिप जाते हैं। जनता भी इन घड़ियाली भावनाओं के झाँसे में आकर उनसे भावनात्मक रूप से जुड़ जाती है और फिर उनकी राजनीतिक कार्यशैली, उनकी अब तक की विचारधारा, कार्य, सबकुछ पृष्ठभूमि में चले जाते हैं और सामने रह जाता है मात्र वह एक छलावा, जिसने लोगों की भावनाओं को जोड़ लिया। यह ठीक उस जादूगर की तरह है जो दर्शको का सारा ध्यान अपने एक हाथ की तरफ़ खींचता है, पर असल हाथ की सफ़ाई दूसरे हाथ से चल रही होती है।

यह सच में चिन्ता का विषय है कि यह सभी पोस्ट-ट्रुथ के रूप हैं। कोई भी गम्भीर और समझदार व्यक्ति इस पोस्ट-ट्रुथ के रूप को स्वीकार नहीं करेगा क्योंकि वह सदैव एक बेहतर समाज की स्थापना की ओर बढ़ना चाहेगा, न कि किसी ऐसे समाज की तरफ़, जहाँ झूठ और छल का आधिपत्य हो। लेकिन मैं इस मत को नहीं मानता कि यह 2016 के बाद प्रारम्भ हुआ, बल्कि सच तो यह है कि इस चीज़ के साथ हम सदियों से जीते आ रहे हैं। पोस्ट-ट्रुथ हमेशा से अँधेरों में घात लगाये बैठा था, और उसे अब वो अनुकूल परिस्थिति मिल गयी है कि वह हमें अपनी गिरफ़्त में ले ले। ली मैकइंटायर 'पोस्ट-ट्रुथ' में लिखते हैं कि पोस्ट-ट्रुथ के युग में चुनौती सिर्फ़ यथार्थ को जान लेने की नहीं है बल्कि चुनौती यथार्थ के अस्तित्व पर भी है। अर्थात् बात यहीं तक नहीं रह गयी है कि यथार्थ अब पृष्ठभूमि में है और उसकी जगह किसी प्रायोजित कथ्य ने ले ली है, बात यहाँ तक पहुँच गयी है कि अब यथार्थ के अस्तित्व पर ही एक बड़ा प्रश्नचिह्न उभर आया है कि यथार्थ जैसी कोई चीज़ रह भी गयी है या नहीं। इसलिए हमारे राजनेताओं का कर्तव्य है कि वह कभी भी मूलभूत तत्त्वों के साथ छेड़छाड़ न करें क्योंकि इसका परिणाम बहुत ही ख़तरनाक हो सकता है।

यह कहना ग़लत नहीं होगा कि पोस्ट-ट्रुथ को बढ़ावा वो लोग भी दे रहे हैं, जो साक्ष्य के आधार को ही अस्वीकार कर देते हैं। उसका प्रभाव लम्बे समय तक रह सकता है। उदाहरण के तौर पर एक परिदृश्य देखते हैं। हमारे देश में ऐसी कई सत्यान्वेषी एजेंसियाँ हैं जो भिन्न-भिन्न विषयों पर शोध करके या आँकड़े इकट्ठा करके कोई रिपोर्ट तैयार करती हैं और उन्हें हम बस इसलिए ख़ारिज कर देते हैं

क्योंकि वो हमारे द्वारा गढ़ी गयी या पूर्वानुमानित सोच पर फिट नहीं बैठ रहीं। मैं ऐसा नहीं कह रहा कि उनसे तर्क करना या उनको ख़ारिज करना ग़लत है, बल्कि यह तो हमारा अधिकार है, किन्तु उनको ख़ारिज करने से पहले हम उसकी रचना प्रक्रिया से नहीं गुज़रते या एक वैकल्पिक आँकड़े पर ध्यान नहीं देते, जो उचित नहीं है। यह परिस्थिति पोस्ट-ट्रुथ के जन्म के लिए एक उर्वर भूमि तैयार करती है। हम सब इस बात से अवगत हैं कि कैसे कोविड-19 की स्थिति में पोस्ट-ट्रुथ ने अपनी भूमिका निभायी। हम सबके पास वायरस के प्रभाव और परिणाम को लेकर अपना एक सच था। प्रश्न यह है कि ऐसा कैसे हो सकता है कि देश में हर किसी के पास अपना सत्य हो? वायरस को लेकर सबके पास अपने विचार थे। कोई इसे आम खाँसी-बुख़ार मान रहा था, कोई इसे सरकार की साज़िश बता रहा था तो कोई इसे दैवी प्रकोप मान यज्ञ-हवन में जुटा था। मास्क पहनने को लेकर भी लोग एकमत नहीं थे। वैक्सीन को लेकर भी सबके अपने-अपने विचार थे। कुछ ग्रामीण जन इसे जानलेवा मान वैक्सीन लेने को तैयार ही नहीं थे। यह अफ़वाह तो यहाँ तक पहुँच गयी थी कि कुछ गाँवों में स्वास्थ्यकर्मियों को भारी अवरोध झेलना पड़ा और नौबत मारपीट तक आ गयी। दूसरी लहर में हमने उसका दुष्परिणाम भी देखा कि कितनी जानलेवा स्थिति उत्पन्न हो गयी थी। असंख्य मौतों और जाने कितने अनाथ परिवारों की ज़िम्मेदारी आख़िर किसकी होगी? इसीलिए हम सभी ज़िम्मेदार नागरिकों का कर्तव्य है कि मूलभूत तथ्यों को अस्वीकार न करें।

पोस्ट-ट्रुथ अपने आप को यहीं तक सीमित नहीं करता। यह देखते हुए कि किस बात को हमें सच साबित करना है और कौन-से विचार को आगे बढ़ाना है, कुछ बातों को अधिक और कुछ बातों को कम महत्त्व दिया जाता है। जलवायु परिवर्तन, इस्लामी आतंकवाद जैसे मुद्दे पर बहुत सारे मतभेद हैं और अलग-अलग विचार हैं। समस्या तब होती है जब उस शुद्ध निरपेक्ष सत्य को न प्रस्तुत करके बस अपनी विचारधारा को सही साबित करने के लिए किसी भी मुद्दे के पक्ष में बात बोली जाती है। वह चिन्ता का विषय होता है क्योंकि ऐसे विचारों का उद्देश्य अपने मत को प्रस्तुत करना नहीं बल्कि अपने एजेंडे को आगे बढ़ाना होता है। यह अपनी धारणाओं को सही साबित करने का एक प्रयास होता है। हमें यह समझना चाहिए कि कोई भी चीज़ सही है अथवा नहीं, यह इससे बिल्कुल भिन्न है कि हम उसके बारे में क्या महसूस करते हैं। यह आवश्यक नहीं है कि हम जिस चीज़ के बारे में जैसा सोचते हों या महसूस करते हों, वो वैसी ही हो।

पोस्ट-ट्रुथ परिघटना क्या होती है? किस चीज़ के बारे में होती है? पोस्ट-ट्रुथ युग यह नहीं कहता कि सत्य है ही नहीं। यह इस बात का दावा नहीं करता कि सत्य का अस्तित्व ही नहीं है बल्कि यह कहना चाहता है कि हमारा राजनीतिक दृष्टिकोण सत्य से अधिक महत्त्वपूर्ण है। अब हम तथ्यों को तवज्जो न देते हुए अपने दृष्टिकोण को ऊपर रखते हैं और ज़्यादातर अधिकांश तथ्यों को पीछे छोड़ देते हैं अर्थात् हम अपने पूर्वाग्रहों को सत्य से अधिक तवज्जो देते हैं। आपकी भावनाएँ और सोच अधिक महत्त्वपूर्ण हो जाती हैं आपके लिए या फिर लोगों के लिए। रोचक बात यह है कि लोगों का मतभेद उस बात पर नहीं है जो आसानी से जाना जा सकता है या फिर सार्वभौमिक सत्य है, पोस्ट-ट्रुथ अपनी जगह वहाँ बनाता है जहाँ पर किसी व्यक्ति विशेष या पार्टी विशेष या समुदाय विशेष का कोई फ़ायदा होने वाला हो। उस मुद्दे को लेकर ही पोस्ट-ट्रुथ की स्थिति उत्पन्न होती है।

क्या यह सोचने की बात नहीं है कि आये दिन विज्ञान कुछ न कुछ नया बोलता रहता है या नया बताता रहता है लेकिन हम यह कभी नहीं देखते कि मंगल या चन्द्रमा पर भेजे गये सेटेलाइट की वजह से लोगों में मतभेद या फिर किसी तरह की परेशानी होती हो। लोग अपना काम आराम से करते हैं, हर दिन की तरह उन्हें उस सेटेलाइट की वजह से किसी भी तरह की बेचैनी नहीं होती। लेकिन जब भी कोई मुद्दा राजनीति, धर्म या समाज से जुड़ा होता है तो उस पर अलग-अलग तरह की टिप्पणियाँ आती हैं और हर व्यक्ति बेचैन हो जाता है कि क्या सच है क्या नहीं, क्योंकि ऐसे मुद्दे सीधे आपकी भावनाओं और व्यक्तिगत धारणाओं से जुड़े होते हैं और हम सभी बहुत उत्तेजित होकर इस बहस के अंग बन जाते हैं। हम ज्ञानवापी के मुद्दे को उदाहरण के तौर पर ले सकते हैं। जब भारत ने चन्द्रयान का प्रक्षेपण किया तब यह देश के लिए प्रसन्नता की बात थी। परन्तु लोग एक दिन प्रसन्न हुए और दूसरे दिन यह मुद्दा भूल गये। शिक्षित या अशिक्षित, किसी वर्ग ने इस पर कोई विस्तृत चर्चा नहीं की। परन्तु जैसे ही ज्ञानवापी का मुद्दा उठा, देश के हर नागरिक के पास उसको लेकर अपना एक मत था। चाय की टपरी से लेकर विश्वविद्यालयों तक, हर न्यूज़ चैनल, हर घर, हर व्यक्ति इसके बारे में अपनी बात कहना चाहता था। इनमें से अधिकतर को इस विषय की कोई जानकारी नहीं थी। न तो कोई साहित्य का विद्वान था, न धर्म का और न इतिहास का। फिर भी सब इस पर चर्चा करना चाहते थे, और चर्चा भी ऐसी कि जिसका निष्कर्ष वही निकलकर आये जो बात उन्होंने मन में पहले से बिठा रखी है। जब भी कुछ ऐसा होता है जो हमारे

लिए स्वीकार करना सहज नहीं होता है या कोई ऐसा तथ्य जो हमारी व्यक्तिगत धारणाओं को चुनौती देता है तो हम पोस्ट-ट्रुथ का सहारा लेते हैं और सच या तथ्य को नज़रअन्दाज़ करके हम अपनी धारणाओं को अधिक महत्त्व देते हैं, चाहे उसके लिए हमारे पास ठोस साक्ष्य हो या नहीं। हम चाहते हैं, लोग हमारा ही विश्वास करें और उससे ही सच समझें। यह एक तरीक़ा भी हो जाता है अपने राजनीतिक प्रभुत्व बनाये रखने का या फिर थोपने का।

प्रश्न यह उठता है कि क्या हम अब ऐसे संसार में रहेंगे जहाँ पॉलिसी का आधार हमारी भावनाओं को सन्तुष्ट करना या हमें अच्छा महसूस करवाना होगा न कि तथ्य को ध्यान में रखना? क्या इसको नज़रअन्दाज़ कर दिया जायेगा कि वास्तविक जीवन में किस चीज़ की ज़रूरत है? यह सच है कि हम मानव जीव हैं लेकिन हम पशु नहीं हैं कि हम अन्धविश्वास और अपने डर को ही आधार बनाकर जीना शुरू कर दें। हम मनुष्य हैं, इसलिए हम एक अच्छे साक्ष्य को आधार बना सकते हैं। यह ग़लत नहीं है कि हमारे वास्तविक सत्य के स्रोत पर प्रश्न उठाया जाये, लेकिन इसका मतलब यह तो नहीं कि अब हम बीमार हों तो डॉक्टर के पास जाना ही बन्द कर दें। इसका मतलब यह भी तो नहीं कि लोगों को सरकार जेल में डालना शुरू कर दे क्योंकि सरकार को ऐसा महसूस होता है कि यह सारे लोग अपराध करने वाले हैं और देश ख़तरे में है। अगर व्यक्तिगत धारणा और आप क्या महसूस करते हैं, इस बात पर निर्णय लिये जाने लगें तब एक उज्ज्वल समाज का पतन निश्चित है। अब हमारे सामने प्रश्न यह है कि इसका क्या किया जाये और इससे कैसे लड़ा जाये? इसका समाधान क्या है? जैसा कि हम बता चुके हैं कि पोस्ट-ट्रुथ की व्युत्पत्ति 2016 में या रेड चिप के समय या फिर अमेरिकी राष्ट्रपति चुनाव के समय समझना ग़लत होगा, इसकी जड़ें हमें हज़ारों साल पीछे लेकर जाती हैं। इसकी जड़ें इस बात में भी हैं कि सत्य को समझा नहीं जा सकता। इस पर भारतीय दर्शन में भी बहुत सारा परिप्रेक्ष्य है। बीसवीं शताब्दी में किसी भी मामूली से तथ्य को जानने में तकनीक और मीडिया ने और भी सन्देह पैदा कर दिया है।

2018 में एक प्रोफ़ेसर मेरे एक ओरिएंटेशन प्रोग्राम में साइंस डिपार्टमेंट से आये हुए थे। उनका कहना था कि ग्लोबल वार्मिंग जैसा कुछ भी नहीं है। यह सिर्फ़ और सिर्फ़ एक मनगढ़न्त तर्क है जिसे लोगों के सामने पेश किया गया है। ग्लोबल वार्मिंग से लोगों को डरने की ज़रूरत नहीं है। जिनको ज्यॉग्राफ़ी की समझ नहीं है या जिनको साइंस की समझ बहुत अच्छे से नहीं है, केवल वही लोग हैं जो ग्लोबल वार्मिंग को लेकर लगातार चिल्लाते रहते हैं। उनके अपने कुछ तर्क थे,

जिनको मानें तो यह विश्वास करना बहुत आसान था कि ग्लोबल वार्मिंग जैसी कोई चीज़ दुनिया में नहीं है। उनका यहाँ तक कहना था कि मैं इस पेपर को बहुत ही जल्द प्रकाशित करूँगा और उसमें यह मैंने जो दावा किया है, वह इसको साबित करके दिखाऊँगा। उन्होंने कुछ ऐसा कहा जो हम समझ नहीं सकते परन्तु यह कैसे तय किया जाये कि क्या सही है क्योंकि ग्लोबल वार्मिंग एक ऐसा मुद्दा है जिससे हम सब प्रभावित हैं या हो सकते हैं। उनके इस कथन के बाद वहाँ मौजूद विद्वानों में विवाद की स्थिति हो गयी। मेरा मत यह नहीं कि प्रोफ़ेसर पोस्ट-ट्रुथ के जाल में हैं या सत्य कह रहे हैं। मेरा तर्क यह है कि वैक्सीन, ग्लोबल वार्मिंग, क्लाइमेट चेंज जैसे महत्त्वपूर्ण मुद्दों पर भी पोस्ट-ट्रुथ के दाँव-पेंच अपने राजनीतिक फ़ायदे के लिए प्रयोग किये जा रहे हैं।

पोस्ट-ट्रुथ ने सभी तथ्यों को सन्देह के घेरे में लाकर खड़ा कर दिया है। यह किसी वैज्ञानिक सिद्धान्त तक ही सीमित नहीं रहता बल्कि फ़ोटोज़, वीडियो टेप, रिकॉर्डिंग जैसे चीज़ों पर भी इसने अपनी पहुँच बना ली है। इसलिए मैंने उपर्युक्त बातों का ज़िक्र किया कि पोस्ट-ट्रुथ के अन्दर वह शक्ति है जो एक ऐसा माहौल बना देती है जिसमें वो पैरानॉइड हो जाते हैं या लोगों को ऐसा लगता है कि वो किसी न किसी डर में जी रहे हैं। पोस्ट-ट्रुथ ऐसी परिस्थिति बना देता है कि लोगों को यह महसूस होता है कि वे अपने बनाये जाल में स्वयं फँस गये हैं या अपने किये का फल भोग रहे हैं। वस्तुतः उन्होंने जो चुना या किया, वह इसी परिस्थिति की सहज प्रतिक्रिया होती है, अर्थात् उनके पास कोई विकल्प था ही नहीं। परन्तु लोग इस छद्म विकल्प के जाल में फँसकर स्वयं को दोषी मान, अन्दर-अन्दर कुढ़ते रहते हैं, और नेता इन ज़िम्मेदारियों से मुक्त हो जाते हैं। वे जनता को एक नयी आशा दिलाते हैं, एक नया स्वप्न दिखाते हैं कि वो अब कोई नया क़दम उठायेंगे, या जनता अगर अमुक चुनाव करेगी तो वो पिछली सभी बुरी स्थितियों के जाल से बाहर आ जायेगी, और एक नये और बेहतर कल की ओर बढ़ सकेगी। दुखद यह है कि यह भी एक छलावा होता है, अपने फ़ायदे के लिए बिछाया गया एक नया जाल, और जनता इस मृग मरीचिका में फँसकर, मरुस्थल में जल की आस में दौड़ती जाती है और यह चक्र निरन्तर चलता रहता है।

हम किसी भी तरह इस बात की पुष्टि नहीं कर सकते की पोस्ट-ट्रुथ को हटाया जा सकता है या इसको किसी तरीक़े से ग़लत साबित किया जा सकता है। हमारी चर्चा बस इस बात पर है कि इसके क्या आयाम हो सकते हैं, इसकी प्रकृति क्या है? यह इतना सहज नहीं है कि एक पंक्ति में या एक व्याख्यान में या फिर एक किताब

में भी इसको पूरे तरीक़े से समझा जा सके। बहुत सारे लोगों का यह मानना है कि पोस्ट-ट्रुथ किसी व्यक्ति के वश में है या न्यूज़ और मीडिया इसको जन्म देता है, पर ऐसा नहीं है। किसी न्यूज़ या किसी व्यक्ति या किसी संगठन ने इसको पैदा नहीं किया है। पोस्ट-ट्रुथ एक परिस्थिति है जो ख़ुद पैदा होती है और यह लगातार लोगों को अपने जाल में फँसने के लिए मजबूर कर देती है। साधारण शब्दों में कहें तो पोस्ट-ट्रुथ हम सब में कहीं न कहीं मौजूद होता है और इसका जो तनाव या शक्ति है, वह बहुत सालों से इसको मज़बूत बना रहा है। इसीलिए इसको समझने के लिए इसके अवयवों को समझना अति अनिवार्य हो जाता है। वह चाहे अमेरिकी राष्ट्रपति चुनाव हो या ब्रेक्सिट हो या फिर कोविड-19 का वैक्सीनेशन। यह सब पोस्ट-ट्रुथ के परिणाम हैं न कि उसके कारण। पोस्ट-ट्रुथ की परिस्थिति को समझने के लिए इस अन्तर को समझना आवश्यक है।

पोस्ट-ट्रुथ की परिस्थिति को आगे बढ़ाने में मनोवैज्ञानिक तत्त्व भी काम करते हैं। समाज के दो हिस्से होते हैं एक सम्प्रेषक और दूसरा ग्राहक। सम्प्रेषक मानक तय करता है और ग्राहक अपनी प्रतिष्ठा और तथाकथित सामाजिक स्वीकृति के दबाव में आकर उस मानक पर खरे उतरने की कोशिश करता है। इस मानक पर खरे उतरने के लिए उसे जो भी अस्त्र चाहिए, वो उसे सम्प्रेषक से ही प्राप्त होंगे। इस तरह वो सम्प्रेषक के पास जाने को बाध्य हो जाता है और फिर अपने तय नियमों पर अपने उत्पाद अपने फ़ायदे के लिए बेचता है। इस उत्पाद को मात्र किसी वस्तु तक सीमित नहीं समझना चाहिए; यह कोई विचार, कोई एजेंडा, कोई स्वप्न या कोई दृष्टि हो सकती है। सौन्दर्य-प्रसाधनों का बाज़ार इसका बेहतरीन उदाहरण है। बड़ी-बड़ी मल्टी नेशनल कम्पनियाँ इसी तरह चल रही हैं। ये पहले सौन्दर्य का एक मानक तय करती हैं, मसलन—गोरापन, और फिर जनता उस मानक के तहत ख़ुद को सुन्दर बनाने के पीछे अन्धों की दौड़ में जुट जाती है। सत्य तो यह है कि त्वचा का रंग किसी बाहरी या अप्राकृतिक तरीक़े से बदलना, स्वास्थ्य के लिए हानिकारक होता है पर विभिन्न क्रीमों, पाउडरों और केमिकल सर्जरी का एक पूरा बाज़ार इसी मानक पर चल रहा है। एक और बात जो समझनी ज़रूरी है कि ग्राहक निष्क्रिय नहीं होते, ये समझना कि वो पोस्ट-ट्रुथ लीडर के दिये गये कथनों या सूचनाओं पर निष्क्रिय हैं, ग़लत होगा। पोस्ट-ट्रुथ कोई छल योजना (manipulation) नहीं है, बल्कि ये तो सम्प्रेषक और श्रोता के बीच की साँठ-गाँठ है।

पोस्ट-ट्रुथ के नैरेटिव में 'फ़ील गुड' फ़ैक्टर बहुत ही महत्त्वपूर्ण होता है। अब इस शब्द फ़ील गुड को समझना आवश्यक है। वर्तमान समाज में सब किसी दौड़ में शामिल हैं। सब किसी न किसी चीज़ के पीछे भाग रहे हैं, और इस आपा-धापी में मानसिक तनाव होना आम बात हो जाती है। ऐसे में इससे 'ब्रेक' लेना आवश्यक होता है, और यह ग़लत नहीं है। इस मानसिक तनाव से दूर विश्राम करके वापस ख़ुद को इसके लिए तैयार करने की जो प्रक्रिया है, वही फ़ील गुड है। हर इन्सान के फ़ील गुड करने का अपना तरीक़ा है। कोई फ़िल्म देखने जाता है, कोई दोस्तों के साथ रेस्त्रां या पब जाता है, लोग छुट्टियाँ मनाने को किसी पहाड़ी प्रदेश या समुद्र के किनारे जाते हैं। पर ग़ौरतलब यह है कि इस फ़ील गुड पर भी एक पूरा बाज़ार चल रहा है। हम जिस स्थिति से भागकर इस बाज़ार के पास जाते हैं, ये उसके लिए कुछ नहीं करता, ये हमारी भावनाओं का फ़ायदा उठाते हुए मात्र हमारा ध्यान भटका देता है, और उसके एवज़ में अपना फ़ायदा वसूलता है।

राजनीति में भी यह फ़ील गुड फ़ैक्टर बहुत असरदार होता है और पोस्ट-ट्रुथ इस फ़ैक्टर का बहुत ज़्यादा इस्तेमाल करता है। उन कथाओं या कथ्यों को चुना जाता है जिससे किसी वर्ग विशेष को महत्त्वपूर्ण महसूस हो, उनमें एक छद्‌म श्रेष्ठता का भाव आये और फिर उसे सुनियोजित तौर पर फैलाया जाता है। इससे उस वर्ग विशेष की वस्तुस्थिति में कोई बदलाव नहीं आता, वो बस अपने बारे में फ़ील गुड करने लगते हैं। एक वाक़या याद आता है जिससे यह विचार अच्छे से समझा जा सकता है। मैं 2018 में जब अपने गाँव गया तो वहाँ के लोगों में एक विचित्र उन्माद देखा, उन्होंने मुझसे कहा कि जब काला धन वापिस आ जायेगा तो उन सबके खाते में 15 लाख रुपये होंगे। ऐसी कोई आधिकारिक सूचना या दावा किसी ने किया नहीं था, पर इस मुद्‌दे को ऐसे प्रस्तुत किया गया था कि लोग सशक्त महसूस कर रहे थे। उन्हें लगा कि अब उनसे ऊपर बैठा वो अमीर तबक़ा, जिसकी कमाई वहाँ बैंक में जमा है, परेशान होगा और यह बात उनके द्वेष और अहम् को तुष्ट कर रही थी। उन्हें लग रहा था कि वे 15 लाख पाकर इस आर्थिक खाई को पाट डालेंगे। अन्य शब्दों में कहें तो यह उन्हें फ़ील गुड करा रहा था। फ़ील गुड फ़ैक्टर में यह आवश्यक नहीं है कि संसार को अच्छी बातें ही बतायी या दिखायी जायें या सिर्फ़ अच्छी सूचनाओं को ही चुना जाये। ख़तरनाक कथ्यों में भी फ़ील गुड फ़ैक्टर हो सकता है। अगर इसको साधारण शब्दों में समझाने का प्रयास किया जाये तो बहुत सारी बातें या बहुत सारे कथ्य आपके सामने रखे जाते हैं और वह हो सकता है,

वह सिर्फ़ इसलिए रखे जायें कि आपको वह अच्छा लगे और आप उसे स्वीकार कर लें। मान लीजिए कि आप किसी भी चीज़ को लेकर के बहुत दिनों से मन्थन और विचार कर रहे हैं और आपको लगता है कि यह जो बात है, आपके सामने वह सही और सच है। अब वह बात सच है, इसको किसी शोध के आधार पर न पता करके सिर्फ़ उसको लगातार आपके सामने ऐसे प्रस्तुत किया जाये जिससे आपको यह लगने लगे कि वह जो मैं आज तक सोचता आया हूँ, वह सही है और ऐसा होने पर वह नैरेटिव पोस्ट-ट्रुथ का रूप ले लेता है। फ़ील गुड फ़ैक्टर का मतलब यह नहीं होता है कि सिर्फ़ अच्छी-अच्छी बातें कही जायें। इसका मतलब यह होता है कि जो एक समाज के लोग सोचते हैं, बस उसी बात को बताया जाये और उससे उस समाज का हर एक व्यक्ति इस बात से आश्वस्त हो जाता है कि आज तक हम जो सोचते थे, वह बहुत अच्छी और सही बात थी। जब हमारे मन में कोई बात चल रही हो, हालाँकि उस बात का कोई निश्चित आधार न भी हो, तब भी कोई दूसरा व्यक्ति हमारी मन की बात ही कह दे तो हमें ऐसा लगता है कि हमारी बात मान्य हो गयी, और यह हमें फ़ील गुड कराता है। यह समझना भी ज़रूरी है कि इससे सिर्फ़ उसकी बात सही नहीं साबित होती है बल्कि उसके मत को एक विशेषाधिकार मिलता है, उसके विचार को एक तरह से महत्ता मिल जाती है और वह एक मूल्य में रूपायित हो जाता है। अब उसका जो आज तक का पूर्वाग्रह था, वह उसको सच लगने लगता है। वह इस कथ्य को तथ्य मानने लगता है क्योंकि सदियों से वह उस बात पर विश्वास करता आया है और जब बाहर से कोई बात इस बात की पुष्टि कर देती है तो वह उसके मूल में न जा करके उसे ही सच मान लेता है। वह स्वयं को महत्त्वपूर्ण महसूस करता है, उसको लगता है कि उसकी बात का कोई मोल है। इसीलिए अल्फा का कहना है कि पोस्ट नैरेटिव में फ़ील गुड फ़ैक्टर बहुत ही अहम हो जाता है। विसूघी का भी कहना है कि इसमें कोई आश्चर्य की बात नहीं है कि पोस्ट-ट्रुथ के दावे सत्यापित बातों की अपेक्षा बहुत ही जल्दी लोकप्रिय हो जाते हैं। इसका कारण यही होता है कि उन्हें इस तरह रचा जाता है कि वह लोगों की भावनाओं को अपील करें न कि उन्हें इन्फ़ॉर्मेशन दें।

पोस्ट-ट्रुथ : राजनीति और सोशल मीडिया

आपके विश्वास आपके विचार बन जाते हैं,
आपके विचार आपके शब्द बन जाते हैं,
आपके शब्द आपके कर्म बन जाते हैं,
आपके कर्म आपकी आदत बन जाते हैं,
आपकी आदतें आपके मूल्य बन जाती हैं,
आपके मूल्य आपकी नियति बन जाते हैं।[1] **—गांधी**

यह एक संवाद है, एकालाप नहीं और कुछ लोग इसे नहीं समझते हैं। सोशल मीडिया एक टेलीविज़न की तुलना में टेलीफ़ोन की तरह अधिक है।[2] **—एमी जो मार्टिन।**

पोस्ट-ट्रुथ की महत्त्वाकांक्षी प्रकृति की वजह से नयी धारा की राजनीति में इसका बहुत प्रयोग हो रहा है। पोस्ट-ट्रुथ एक ऐसी संरचना है, जिसमें हर किसी के पास इसका प्रयोग करने के बराबर के अवसर हैं। ऐसे में समाज का उच्च वर्ग इसका प्रयोग करके अपने पद पर बने रहना चाहता है और निम्न वर्ग को लगता है वह इसी

1. "Your beliefs become your thoughts,
   Your thoughts become your words,
   Your words become your actions,
   Your actions become your habits,
   Your habits become your values,
   Your values become your destiny." **—Gandhi**
2. "It's a dialogue, not a monologue, and some people don't understand that. Social media is more like a telephone than a television." **—Amy Jo Martin**

की सहायता से उच्च वर्ग में शामिल हो सकता है, और वह इसका प्रयोग करता है। यहाँ जिसकी लाठी उसकी भैंस वाला फंडा है, जिसने पोस्ट-ट्रुथ का जितना बेहतर प्रयोग किया, उसकी बात उतने बेहतर तरीक़े से सुनी जाती है। यह भी एक जाल है, जिसमें लोग फँसे रहते हैं।

इसे बेहतर तरीक़े से समझने के लिए एक गाँव का उदाहरण लेते हैं। मान लीजिए कि गाँव में उच्च वर्ग तलवार के दम पर राज कर रहा है। कोई निम्न वर्ग का व्यक्ति तलवार को ही ताक़त समझ बेहतर चलाना सीख ले और उच्च वर्ग में शामिल होकर राज करने लगे, तब भी राज तो तलवार का ही चल रहा है। अर्थात् वस्तुस्थिति में कोई परिवर्तन पोस्ट-ट्रुथ नहीं करता, वह तो चाहता है कि यह धुन्ध बनी रहे, जिससे लोग इस चक्र में फँसे रहें। जिनको लगता है कि नयी धारा की जो राजनीति है, उसमें उनका मूल्य कम है या फिर वे उपेक्षित हैं, वे इसका प्रयोग कर ऊपर आना चाहते हैं और इसलिए इसे बढ़ावा देते हैं। कुछ हद तक तो यह सच है कि अगर लोग इस नयी धारा की राजनीति से ख़ुश होते और सन्तुष्ट होते तो पोस्ट-ट्रुथ का इतना व्यापक साम्राज्य स्थापित नहीं हो पाता। ऐसा न होने के कारण उनके पास पोस्ट-ट्रुथ ही एकमात्र मंच है जहाँ वह अपना फ्रस्ट्रेशन निकाल सके। इसका मतलब यह निकालना ग़लत होगा कि पोस्ट-ट्रुथ एक मंच है जो उपेक्षित लोगों को आवाज़ देने में मदद करता है, इसका मतलब सिर्फ़ इतना है कि पोस्ट-ट्रुथ इन कमियों का इस्तेमाल अपने फ़ायदे के लिए करता है, अपने विस्तार के लिए उसका लाभ उठाता है।

आजकल जो व्हाट्सएप की दुनिया है, उसने उपेक्षा की परिभाषा ही बदल दी है। उपेक्षा का अर्थ यह नहीं है कि आप चर्चा के केन्द्र में नहीं हैं या आप लोगों का ध्यान नहीं खींच पा रहे। उपेक्षा का अर्थ यह है कि आप तक मूलभूत सुविधाएँ नहीं पहुँच रहीं। किसी कक्षा का उदाहरण लें, जिसमें कोई एक बच्चा तीव्र बुद्धि का है, जिससे सभी शिक्षक प्रेम करते हैं तो उसका अर्थ ये नहीं कि बाक़ी बच्चे उपेक्षित हैं। वो बच्चा जिसकी जाति या आर्थिक कमी की वजह से कक्षा में प्रवेश वर्जित हो, वह उपेक्षित है। एक बात यह होती है कि आप उपेक्षित महसूस करते हैं और दूसरी बात यह होती है कि आप उपेक्षित हैं। इन दोनों में ज़मीन-आसमान का अन्तर है।

पोस्ट-ट्रुथ लोगों को यही उपेक्षित महसूस कराने का काम करता है और हम इसी भावना पर सारे कथ्यों को रखकर उन्हें सच मान लेते हैं और तथ्यों को नज़रअन्दाज़ कर देते हैं। लोगों का कहना यह भी है कि हम सभी किसी न

किसी तरह से उपेक्षित रहे हैं और हम सब में किसी न किसी तरह का ग़ुस्सा और फ्रस्ट्रेशन है, लेकिन यह भी तो सच है कि हर ज़रूरत अलग क़िस्म की हो सकती है। उदाहरण के लिए यह समझना कि जैसे कि कोई पहले से ही नौकरी में है लेकिन वह आईएएस ज्वाइन नहीं कर पा रहा है, इसलिए फ्रस्ट्रेटेड महसूस करता है और वह अपने आप को उपेक्षित महसूस कर सकता है। दूसरा कोई एक व्यक्ति ऐसा है जिसके पास कुछ भी नहीं है और उसे सिर्फ़ नौकरी चाहिए, वह भी फ्रस्ट्रेटेड और उपेक्षित महसूस कर सकता है। अब यहाँ पर यह प्रश्न आवश्यक है कि क्या दोनों का ग़ुस्सा और दोनों का फ्रस्ट्रेशन समान है? सीधा उत्तर होगा कि दोनों का ग़ुस्सा और फ्रस्टेशन समान कभी नहीं हो सकता, इसलिए दोनों के हाशियाकरण के स्तर में फ़र्क़ है। पहला जिसके पास नौकरी है लेकिन वह आईएएस ज्वाइन करना चाह रहा है, वो अगर ख़ुद को हाशियाकृत कहे, तो इस तरह का हाशियाकरण पोस्ट-ट्रुथ के दावों को सुदृढ़ करता है। ये उनका महसूस किया हुआ हाशियाकरण है, असल नहीं। उनको एक नयी दुनिया की ज़रूरत होती है जिसमें उनको लगता है कि उनकी बातें सुनी जायेगी और उन पर ध्यान दिया जायेगा। पोस्ट-ट्रुथ इसी मौक़े का इन्तज़ार कर रहा होता है, और इसके बाद वह पोस्ट-ट्रुथ के जाल में फँस जाते हैं। एक मसला यह भी है कि उन्हें इस पूरे जाल के बारे में समझाने वाला कोई मंच नहीं है, अत: पोस्ट-ट्रुथ निर्बाध तरीक़े से अपने पाँव पसारता जा रहा है।

एक और फ़ैक्टर है जो लोगों को प्रेरित करता है एक महत्त्वाकांक्षी कथ्य को खोजने में, वह है एक ऐसी अवस्था जिसमें सारे मतभेद और विभाजक पुराने हो चुके हैं। अब उनको एक नया विभाजक चाहिए और अगर नहीं है तो ऐसा कुछ हो सके जिससे कि इस मतभेद और विभाजन को नये तरीक़े से पेश किया जा सके, जिससे इसी को फिर से बढ़ाया जाये। जो है उसी को तोड़-मरोड़कर प्रस्तुत किया जाये। बहुत सारी राजनीतिक पार्टियाँ सामाजिक समस्याओं पर ध्यान न देकर गड़े मुर्दे उखाड़ रही होती हैं, बस इसलिए कि वास्तविक समस्या से ध्यान हटाया जा सके। यथा राजनीतिक पार्टियाँ मुग़ल काल का, सिख दंगों का, भारत विभाजन का बार-बार ज़िक्र करती हैं, हालाँकि उससे वस्तुस्थिति बदलने वाली नहीं है, परन्तु वे इस मतभेद और विभाजक को बनाये रखना चाहती हैं जिससे कि लोग इसी में उलझे रह सकें और तत्काल ज्वलन्त मुद्दों से उनका ध्यान हटाया जा सके। मैं यह नहीं कह रहा कि विवादित मुद्दों पर बात ही न की जाये, उन पर एक स्वस्थ संवाद आवश्यक है। मैं ये कह रहा हूँ कि जो मुद्दे अब प्रासंगिक नहीं रहे, उन पर बात करना आवश्यक ही क्यों है। बक़ौल कैफ़ी आज़मी :

जिन ज़ख़्मों को वक़्त भर चला है
तुम क्यूँ उन्हें छेड़े जा रहे हो।

एक दूसरी समस्या यह भी है कि जो हमारे पास पॉलिटिकल ऑर्गेनाइजेशंस है, उनके पास भी समस्या यह है कि वह उन सारी पुरानी समस्याओं का कोई नया या मौलिक समाधान नहीं दे पाते। यह समस्या गणतन्त्र की भी है कि सारी समस्याएँ व्यक्ति और उसके चुनाव पर डाल देता है। ऐसा जब होता है तो पोस्ट पॉलिटिक्स के जवाब में हमारे पास अब बचा है तो सिर्फ़ और सिर्फ़ पोस्ट-ट्रुथ। पर इसका अर्थ यह नहीं है कि गणतन्त्र ग़लत है। वस्तुत: गणतन्त्र सारा चुनाव जनता पर डाल देता है। पोस्ट-ट्रुथ जनता की भावनाओं को प्रभावित करता है। जनता जो भावनाओं से दिग्भ्रमित है, वह एक छद्म विकल्प के जाल में फँस जाती है। जैसा हम पहले बात कर चुके हैं, पोस्ट-ट्रुथ ऐसी परिस्थिति बना देता है कि लोगों को यह महसूस होता है कि वे अपने बनाये जाल में स्वयं फँस गये हैं या अपने किये का फल भोग रहे हैं, पर उनके पास कोई विकल्प था ही नहीं। अर्थात् नेता जनता को प्रभावित करने के लिए पोस्ट-ट्रुथ का सहारा लेकर जिस माहौल का निर्माण करते हैं, उसमें जनता फँस जाती है, पर मुख्य यह है कि चुनाव तो जनता का ही है, अत: ठीकरा जनता पर फोड़ना आसान होता है।

पोस्ट-ट्रुथ को अगर देखा जाये तो एक तरह से पलायनवादी गल्प माना जा सकता है जो लोगों को त्वरित आनन्द (immidiate gratification) देता है और इसलिए यह लोगों को अपील करता है। वर्तमान समाज बहुत अराजक है। लोगों के जीवन में इतनी आपाधापी है कि लोग इस भागदौड़ से बचना चाहते हैं, साथ ही समाज में असन्तुष्टि बहुत बढ़ी है। लोग बहुत महत्त्वाकांक्षी हो गये हैं, जो कि ग़लत नहीं है पर यहाँ फिर से आज़मी साहब को उद्धृत करना चाहता हूँ कि—

इन्साँ के ख़्वाहिशों की कोई इन्तिहा नहीं
दो गज़ ज़मीं भी चाहिए दो गज़ कफ़न के बाद।

दु:ख यह है कि इन्सान इस महत्त्वाकांक्षा के लिए कठिन परिश्रम नहीं करता, उसके पास न तो उतना धैर्य रह गया है न तो वो लगन। वह समस्या पर विचार नहीं करना चाहता, वह इसका समाधान नहीं ढूँढ़ता, वह मात्र इस समस्या से या तो ध्यान हटा लेना चाहता है या तो कोई शॉर्टकट ढूँढ़ता है। लोग अब किसी भी कार्य का फल तुरन्त पाना चाहते हैं। उनके पास इतना धैर्य नहीं है कि वो निश्चित प्रक्रिया पर चल सकें। उन्हें तुरन्त अमीर होना है, तुरन्त विद्वान बनना है और तुरन्त सफलता के शीर्ष

पर पहुँचना है। उदाहरण के तौर पर अलग-अलग कोचिंग सेंटर्स अपने बड़े-बड़े पोस्टरों में दावे करते हैं कि 90 दिनों में फर्राटेदार अंग्रेज़ी सीखें। कोई यह दावा 50 दिनों में कर रहा है और कोई 30 दिनों में। मैं एक अंग्रेज़ी का प्राध्यापक होते हुए यह बात कह सकता हूँ कि अंग्रेज़ी ही क्या, विश्व की कोई भी भाषा को सीखने में कम से कम 6 महीने लगते हैं। तब भी लोग इस जाल में फँस जाते हैं क्योंकि उनमें धैर्य की कमी है। और हमारी इसी कमी को ध्यान में रखकर कम्पनियाँ अपना पोस्टर तैयार करती हैं, और हम इस जाल में फँस जाते हैं। त्वरित आनन्द (immidiate gratification) एक पारिभाषिक शब्द है, जो उस प्रवृत्ति का द्योतक है जिसमें अपनी इच्छाओं की कम प्रभावी लेकिन तत्काल सन्तुष्टि के लिए हम दूरगामी परिणामों को नज़रअन्दाज़ कर देते हैं। जब हमें किसी चीज़ की तीव्र इच्छा हो रही हो, मसलन-मनोरंजन, भोजन या सेक्स, तो शायद ही हमारे दिमाग़ में इस तरह के विचार आते हैं कि 'भले ही मेरे पेट में चूहे कूद रहे हों पर मुझे अच्छा खाना ही चाहिए, चाहे इसके लिए मुझे एक घण्टा इन्तज़ार करना पड़े।' यह मनुष्य की सहज प्रवृत्ति है कि हमें अच्छे परिणाम चाहिए और 'अभी' चाहिए। इसने निश्चय ही मनुष्य के विकास में काफ़ी सहायता की क्योंकि हमारे पूर्वजों द्वारा लिये गये ज़्यादातर विकासवादी फ़ैसलों में इस त्वरित परिणाम की इच्छा का बहुत बड़ा हाथ था। किन्तु इस प्रवृत्ति का फ़ायदा उस काल में ज़्यादा बेहतर था जब भूख और अगले भोजन की चिन्ता मोटापे से ज़्यादा बड़ी समस्या थी। इसी का दूसरा पक्ष है विलम्बित आनन्द यानी और बेहतर की आशा में इस त्वरित आनद का मोह छोड़ देना। यह तो सहज द्रष्टव्य है कि किस तरह यह एक बेहतर और समझदार चुनाव है परन्तु तब भी क्या बात है कि हमसे ये त्वरित आनन्द का मोह छुड़ाये नहीं छूटता। एक बार लोगों को त्वरित आनन्द की आदत लग जाती है तो उनकी डिमांड लगातार बढ़ जाती है और उनको और ये आनन्द बार-बार चाहिए होता है। इस त्वरित आनन्द को और समझने के लिए हम डेविस के 2017 में दिये गये लेम्बार्ड प्रभाव (lambard effect) को एक उदाहरण के तौर पर इस्तेमाल कर सकते हैं। इसके अनुसार जब हम कोलाहल में बात करने की कोशिश करते हैं तो हमें अपना आवाज़ बढ़ानी पड़ती है, जिससे हमारी बात सुनी जा सके। परन्तु यह आवाज़ बढ़ाना कोलाहल को भी बढ़ा देता है जिससे हमें अपनी आवाज़ और बढ़ानी पड़ती है, और यह एक कभी न ख़त्म होने वाला चक्र हो जाता है, और सिर्फ़ एक शोर सुनायी देता है, न तो किसी का प्रश्न सुनायी देता है, न तो कोई समाधान। यह मात्र इस बात से सुलझ सकता था

कि उस कोलाहल का हर व्यक्ति धैर्य से अपनी बारी का इन्तज़ार करे। परन्तु हम यह त्वरित आनन्द का मोह नहीं छोड़ पाते और इस चक्र में फँसे रहते हैं। यही चीज़ पोस्ट-ट्रुथ राजनीति में लागू की जा सकती है। हर व्यक्ति या पार्टी को अपनी बात सुनानी है और इसलिए एक से बढ़कर एक दावे किये जा रहे होते हैं। इससे जनता का भला नहीं हो रहा, मात्र दावों की भीड़ बढ़ रही होती है। मैं बार-बार मीडिया का उदाहरण इसलिए देता हूँ क्योंकि मीडिया से पोस्ट-ट्रुथ का बहुत अच्छा सम्बन्ध हो गया है जिसकी चर्चा हम आगे आने वाले चैप्टर में विस्तार से करेंगे। लेकिन त्वरित आनन्द (immidiate gratification) को समझाने के लिए कि कैसे यह पोस्ट-ट्रुथ से जुड़ा हुआ है, मैं उदाहरण देना चाहता हूँ इंस्टाग्राम के फ़ोटोज़ का या फिर यूँ कहें कि यूट्यूब के वीडियोज़ का और या तो यूँ कहे कि जो लगातार हमारे स्क्रीन पर नज़र आते हैं उनका। जब हम इंस्टाग्राम रील्स या यूट्यूब वीडियो देखते हैं तो हम उसकी विषय-वस्तु पर ध्यान नहीं देते बल्कि आगे बढ़ते जाते हैं। हमारे लिए कंटेंट आवश्यक नहीं है बल्कि सेकेंडों में हमारा ध्यान खींचने वाली चीज़ें आवश्यक हैं।

पोस्ट-ट्रुथ कथ्य अपना पाँव नहीं जमा पाता, अगर उसे समर्थन न मिला होता। समर्थन अर्थात् उन कमियों से समर्थन जो हमारे भीतर हैं। हमारी उन इच्छाओं का मोह जो कभी ख़त्म नहीं होता। पोस्ट-ट्रुथ इसी मोह के कारण पसन्द किया जाता है, और जनता इसका समर्थन भी करती है। अगर पोस्ट-ट्रुथ जनता पर अपने प्रभाव के कारण प्रासंगिक बना होता तो इन प्रभावों के ख़त्म होते ही वह भी ख़त्म हो जाता, पर ऐसा होता नहीं है। उन प्रभावों के ख़त्म होने के बाद भी यह हम हैं जिनके कारण यह प्रासंगिक बना रहता है। हम इसकी बार-बार चर्चा करते हैं और यह प्रासंगिक बना रहता है।

कलपोकस के शब्दों में सम्बद्ध सत्य (affiliative truth) के अन्दर समाज का ध्रुवीकरण करने की क्षमता होती है। सम्बद्धता का अर्थ है–समान भावना और समाज के लोगों से जुड़ना और उनके साथ रहने की इच्छा। इस सम्बद्ध समाज का अपना एक सत्य होता है जो उन्हें जोड़ता है, जिसे उस समाज के बाहर के लोग नहीं समझ सकते या उस सत्य से भावनात्मक रूप से नहीं जुड़ पाते। सम्बद्ध सत्य वह सत्य होता है जो समान सामाजिक और भावनात्मक साम्यता पर आधारित होता है और इसका ध्येय ही यह होता है कि समान समाज और समान भावना के लोग उससे जुड़ें और उसका प्रचार-प्रसार हो। किन्तु हमारा भारत देश विविध संस्कृतियों और सम्प्रदायों का देश है और ऐसे में ये सम्बद्ध सत्य मात्र एक विखण्डन के अलावा

और कुछ नहीं करते। इनका मक़सद मात्र ध्रुवीकरण करना है। सोशल मीडिया इस आग में घी डालने का काम करता है और इसे ख़ूब तेज़ी से फैलाता है। लेयमान (layman) के शब्दों में कहें तो यह एक तरह का 'संस्कृति युद्ध' शुरू हो जाता है।

संस्कृति युद्ध अर्थात् सामाजिक समूहों और उनके मूल्यों, विश्वासों और प्रथाओं के बीच प्रभुत्व के लिए एक सांस्कृतिक संघर्ष। यह आमतौर पर उन विषयों को सन्दर्भित करता है जिन पर सामान्य सामाजिक असहमति और सामाजिक मूल्यों में ध्रुवीकरण होता है। इसका समकालीन उपयोग ऐसी सामाजिक घटना को दर्शाने के लिए किया जाता है जिसमें विशिष्ट मूल्यों और विचारधाराओं वाले कई सामाजिक समूह, एक-दूसरे के विरोध में सार्वजनिक नीति को चलाने का प्रयास करते हैं। उदाहरण के तौर पर हम गौहत्या का मसला देखते हैं। गाय एक धर्म में माता हो सकती है, इसका अर्थ यह नहीं कि वो हर धर्म में पूजनीय हो। किन्हीं क्षेत्र में मोर पूजनीय है, परन्तु राजस्थान आदि क्षेत्रों में, जहाँ मोर बहुतायत में हैं, मोर का मांस बहुत लोकप्रिय है। वस्तुतः यह बीफ़ बैन मात्र एक सांस्कृतिक प्रभुत्व जताने का तरीक़ा है और यह एक सांस्कृतिक युद्ध का कारण हो जाता है। अभी हाल ही में गर्भपात वाले मुद्दे ने भी बहुत तूल पकड़ा था। एक तबक़ा जो औरतों के अधिकार को लेकर चिन्तित है, और सुपठित तथा खुले विचारों वाला है, वह चाहता है कि गर्भपात को वैध कर दिया जाये। परन्तु दूसरा तबक़ा इसके विरोध में खड़ा हो जाता है जिसे लगता है कि ये हमारे मूल्यों पर वार किया जा रहा है। दुःख की बात यह है कि उस तबक़े में एक पढ़ा-लिखा समूह भी होता है जो अपने सारे ज्ञान को ख़ारिज करते हुए बस भावनात्मक प्रतिबद्धता को ऊपर रखता है, और इस बात को नज़रअन्दाज़ कर देता है कि वो अपने ही लोगों के स्वास्थ्य और भविष्य के साथ खेल रहा है। परिणामस्वरूप जो कट्टरपन्थी समूह होते हैं, वो इससे जुड़ जाते हैं और जो उदारवादी तबक़ा है, वो इससे एक दूरी बना लेता है। यह उन दोनों तबक़ों में एक विभाजक रेखा खींच देता है और यह खाई और गहरी होती चली जाती है। मुद्दा यह नहीं है कि यह खाई कितनी गहरी है बल्कि मुद्दा तो यह है कि यह खाई होती नहीं बनायी जाती है। इसे पाटने की कोई कोशिश कभी की ही नहीं जाती, बल्कि इसे और बढ़ाने का प्रयास किया जाता है। पोस्ट-ट्रुथ कथ्य मात्र यह विभाजक रेखा खींचने का काम करता है, बाक़ी तो ख़ुद-ब-ख़ुद होता चला जाता है। इसका परिणाम यह होता है, लोग किसी वर्ग विशेष के दावों को ही सच मानने लगते हैं और फिर एक 'हम' बनाम 'वो' की मानसिकता जन्म ले लेती है।

ये 'हम' बनाम 'वो' की मानसिकता आते ही हमारी 'उन' के प्रति सारी सहानुभूति ख़त्म हो जाती है। ये 'हम' मात्र सोचते या कार्य ही अलग तरह से नहीं करते, वस्तुतः इन्हें सत्य समझ में ही नहीं आता, न ही उनकी रुचि सत्य के अन्वेषण में होती है, मात्र राजनीतिक परिदृश्य को दूषित करते हैं। ये येन-केन प्रकारेण अपने दावों को सत्य साबित करना चाहते हैं। निश्चित ही हर इन्सान के प्राथमिक विचार या सम्बन्ध भिन्न होते हैं और यह प्राथमिकता वह अपने अनुभवों और निजी भावनाओं को आधार रखकर तय करता है। इससे यह होता है कि विचार और भावनाओं की गुणवत्ता नहीं बढ़ती मात्र उनका परिमाण बढ़ता जाता है। सोशल मीडिया के दौर में लोग बड़ी आसानी से सत्य से दूर होते चले जाते हैं। इसमें सम्बद्ध सत्य का भी बहुत बड़ा योगदान है। यह एक ऐसा जाल बन जाता है जहाँ सम्बद्ध सत्य स्वयं को मान्य और वैध सिद्ध कर सकता है। उस समाज का कोई भी सदस्य ऐसे विचार और तर्क से दूरी बना लेता है जो उसके अपने विचार का खण्डन कर रहा हो क्योंकि यह विचार उन्हें यह एहसास दिलाता है कि वह किसी बड़े समूह का हिस्सा हैं। यह उन्हें एक तरह की पहचान, एक अपनेपन की भावना का एहसास दिलाता है। यह उस स्तर तक पहुँच जाता है जहाँ उसके आसपास एक ऐसा तन्त्र तैयार हो जाता है जिसमें ये विचार और सुदृढ़ हो सकें। ऐसे लोग जो सम्बद्ध सत्य को सत्य समझते हैं, वो अपनी तरह के लोगों से ही सम्बन्ध रखना चाहते हैं। परिणाम यह होता है कि उन्हें किसी दूसरे पक्ष की ख़बर तक नहीं होती, न वो किसी मुद्दे पर किसी अन्य तरह से सोच पाते हैं। वे अपना ज़्यादातर समय समान विचारधारा के लोगों के साथ बिताते हैं और वही सूचना शेयर करते हैं और फैलाते हैं। उदाहरण के तौर पर हम फ़ेसबुक पर जिस विचारधारा की टिप्पणियाँ या पोस्ट पसन्द करते हैं, हमें फ़ेसबुक उसी तरह के पोस्ट का सुझाव देता है। हमारी फ़ीड हमारे इच्छानुसार विचारों से भरी होती है, उसमें किसी दूसरे विचार का ज़िक्र तक नहीं होता।

सम्बद्ध सत्य पारम्परिक (प्रिंट और टेलीविज़न) और वर्तमान (सोशल जैसे ट्विटर फ़ेसबुक आदि) मीडिया के द्वारा फैलता है, और यह उसके मूल्यों को और दृढ़ कर देता है। जब मीडिया साझे अनुभवों का प्रसारण करती है, तो लोग उससे जुड़ते जाते हैं और उसका अस्तित्व और मज़बूत होता जाता है। मीडिया भी पक्षपात करते हुए मात्र एक पक्ष या एक समुदाय के सम्बद्ध सत्यों को आगे बढ़ाता है, और दूसरे समुदाय के सत्यों को दबा देता है। मीडिया इस सम्बद्ध सत्य में इतनी रुचि इसलिए रखता है कि यह उनके लिए एक मसालेदार न्यूज़ सामग्री का स्रोत होता है। स्ट्रेट (strate) कहते हैं कि मीडिया के लिए कोई भी विवाद सामग्री का महत्त्वपूर्ण

स्वरूप होता है। परिणामस्वरूप, मुख्यधारा मीडिया के लिए भी ये मुद्दा उठाना उत्तम व्यापारिक रणनीति है। वे ऐसे मुद्दे उठाते हैं और अपना पूरा ध्यान इस तरह के राजनीतिक विवादों में लगा देते हैं। दिक़्क़त यह है कि वे उस मुद्दे को गम्भीरता से लेते भी नहीं और उसे तर्क-वितर्क के द्वारा सुलझाने के बजाय आकर्षक बनाने के लिए मिर्च-मसाला लगाकर और उलझा देते हैं। मीडिया बाज़ार में बने रहने के लिए ऐसे मुद्दों का प्रयोग करता है और ऐसे विवादों को हवा देता रहता है। इस बात से इनकार नहीं किया जा सकता कि पोस्ट-ट्रुथ से मीडिया को बहुत फ़ायदा होता है, और इसीलिए वह इसे भुनाने में कोई कसर नहीं छोड़ता। मीडिया अगर कवरेज़ न दे तो ऐसे बेकार मुद्दे दो-तीन लोगों के बीच में दबकर रह जायें, परन्तु मीडिया इन्हें भुनाकर अपना फ़ायदा निकालने के चक्कर में काफ़ी फैला देता है। फिर अभी लोग इनमें रुचि लेने लगते हैं क्योंकि मीडिया जब ऐसे मुद्दे उन्हें थाल में सजाकर परोसता है तो उन्हें लगता है कि ये कोई महत्त्वपूर्ण मुद्दा है जिसे अनदेखा नहीं किया जा सकता। बोद्यु (bordieu) का मानना है कि ऐसा नहीं है कि ये सिर्फ़ पोस्ट-ट्रुथ के साथ ही है, टेलीविज़न हमेशा से सेंसेशनल, चटपटे, मसालेदार और भड़कीले समाचारों के पीछे भागता रहता है। मीडिया की आवश्यकताओं की सूची में ऐसे मुद्दों का नाटकीकरण सबसे ऊपर आता है। सोशल मीडिया ने ध्यान खींचने की प्रतियोगिता को किसी और ही स्तर पर ला पटका है। ऐसे में जिनको साधारण चीज़ को असाधारण बनाना आता है, यह उनके लिए सरल हो गया है।

सम्बद्ध सत्य के सन्दर्भ में ये जानना महत्त्वपूर्ण है कि आये दिन सोशल मीडिया पर नये समूह बनते रहते हैं। इन समूहों का आधार मात्र साझी मानसिकता, साझी भावनाएँ या साझे विश्वास होते हैं। इसका आम उदाहरण वो व्हाट्सएप ग्रुप्स हैं जिनमें सिर्फ़ किसी ख़ास समुदाय या किसी ख़ास वैचारिकी के लोग ही जुड़े होते हैं। इनमें ऐसी ही बातें होती हैं कि उनके अनुसार दुनिया में क्या होना चाहिए या नहीं। इन ग्रुप्स की ख़ास बात ये होती है कि ये लोगों को किसी भी घटना से तार्किक रूप से दूर कर देते हैं। लोग विषयों पर विचार या संवाद नहीं करते, बस मान लेते हैं। हम इस बात से वाकिफ़ हैं कि किस तरह लोगों को ये यक़ीन दिलाया जाता है सम्प्रेषकों और नेताओं द्वारा कि वो समय की आवश्यकता हैं। ऐसी गतिविधियाँ पोस्ट-ट्रुथ को जन्म देने में कारगर होती हैं।

ऐसे समूहों के दावे अक्सर सत्य में इसलिए बदल जाते हैं क्योंकि वो वह बात फैलाते हैं जो किसी बड़े नेता ने कही होती है या न्यूज़ चैनल उसे बार-बार दुहरा रहे होते हैं। ऐसे माहौल में न्यूज़ का चुनाव इस बात पर आधारित होता है कि उसमें

'वायरल' होने की कितनी क्षमता है न कि इस आधार पर कि वह कितना प्रामाणिक है। अगर हम तटस्थ होकर अपने व्हाट्सएप या फ़ेसबुक स्टोरीज़ के बारे में सोचें तो ये बात प्रमाणित हो जायेगी कि लोग ज़्यादा क्या देखना या पढ़ना-सुनना चाहते हैं। कौन सी घटना कितनी लोकप्रिय है ये तय करता है कि कौन सी घटना न्यूज़ में आयेगी या किसे ट्वीट, अपडेट या पोस्ट किया जायेगा। यहाँ पर ग़ौर करने वाली बात यह है कि सोशल मीडिया के आने से लोकतन्त्रीकरण बढ़ा है और सत्य का लोकतन्त्रीकरण भी इससे अछूता नहीं रहा। पहले सत्य किस स्रोत से आ रहा है। इस पर ध्यान दिया जाता था, इसीलिए सत्य लोगों के लिए प्रतिष्ठा का प्रश्न था। अपनी प्रतिष्ठा का ध्यान रखते हुए कोई भी कुछ भी नहीं बोलता था। वे इस बात का ध्यान रखते थे कि उन पर कोई प्रश्न न उठाया जा सके। आज भी मुझे याद है, बीबीसी की न्यूज़ को प्रामाणिक माना जाता था। लोग यह मानते थे कि बीबीसी द्वारा प्रेषित न्यूज़ पर कोई प्रश्न नहीं उठाया जा सकता। लेकिन आज के दौर में हर सत्य विवादित है, उस पर तर्क किया जा सकता है। हर तथ्य का खण्डन किया जा सकता है, उस पर सन्देह किया जा सकता है। बीबीसी पर भी प्रश्न उठते हैं और उस पर भी पक्षपात करने का आरोप लगाया जा रहा है। यह कहा जाता है कि अब बीबीसी अपने फ़ायदे के हिसाब से यह तय करती है कि कौन सी न्यूज़ दिखायी जाये और कौन सी नहीं, किसे महत्त्वपूर्ण दिखाना है किसे नहीं। किसी भी घटना के दो पक्ष हो जाते हैं। दोनों पक्ष बराबरी पर नज़र आते हैं। तब चुनाव इस बात पर आधारित हो जाता है कि किसका विश्वास किस तरफ़ है। यहाँ फ़ील गुड फ़ैक्टर भी अहम भूमिका निभाता है। जो उस वक़्त के मुख्य सोशल मीडिया मंच हैं, वे बहुत तेज़ी से किसी घटना को फैलाते हैं और ये बात मात्र सूचनाओं तक ही सीमित नहीं रहती बल्कि उन सूचनाओं पर लाइक, कमेंट, शेयर के रूप में सामाजिक स्वीकृति भी आने लगती है। ये स्वीकृति उस सूचना के महत्त्व को बढ़ा देती है। उस सूचना में कितना वज़न है, इस पर किसी का ध्यान नहीं जाता क्योंकि लोग उसे तार्किक दृष्टि से नहीं देखते, वे मात्र फ़ील गुड के जाल में फँस जाते हैं।

सोशल मीडिया हर बार एक नये तरीक़े से नये न्यूज़ को लोगों के द्वारा ख़ुद में फ़ीड करवाती है। यह जो नया सूचना संसार बनाया गया है, इसकी विशेषता यह है कि इसमें वर्गीकृत या खण्डित न्यूज़ ही उपयुक्त हो पाती हैं और इसमें लक्षित विषय की तरफ़ ज़्यादा झुकाव होता है। लक्षित विषय कहने का अभिप्राय यह है कि सच को न देखते हुए इसमें यह देखा जाता है कि जनता की रुचि किस विषय सामग्री में है। यह एक ऐसा भरोसे का बाज़ार खड़ा करता है जहाँ पर कोई भी सबसे

आकर्षक विकल्प चुन सकता है। कहने का मतलब यह है कि सोशल मीडिया में रोज़ अलग-अलग न्यूज़ आते रहते हैं और लोग अपने हिसाब से एक न्यूज़ को पकड़ लेते हैं। यूँ कहें कि टेबल पर अलग-अलग तरीक़े का खाना उसमें परोस दिया जाता है जिसको जो पसन्द आता है, वह अपने स्वादानुसार उसको ले लेता है। मीडिया संसार का जो विखण्डीकरण हुआ है, वह राजनेताओं के लिए मतदाता जुटाना आसान करता है। मीडिया यह सुनिश्चित करता है कि जो नया गढ़ा हुआ कथ्य है, वह जनता की पूर्वधारणा से या उनके विचारों से तालमेल खाता हो जिससे जनता आसानी से लामबन्द हो सके।

डाटा निर्धारण (data fixation) एक पारिभाषिक शब्द है जिसकी बात करना यहाँ पर आवश्यक हो जाता है। डाटा निर्धारण एक ऐसी प्रकिया का नाम है जिसमें ऑनलाइन डाटा को व्यापार हेतु प्रयोग किया जाता है। या तो उसे एक वस्तु के रूप में प्रस्तुत किया जाता है, जिससे उसका व्यापार हो सके या फिर उसका प्रयोग व्यापारिक योजना के लिए किया जा सके। मरडॉक का मानना है कि ग्राहक के ऊपर नज़र रखने के लिए और व्यापार में वृद्धि के लिए डाटा का इस्तेमाल किया जाता रहा है। यहाँ पर एक आवश्यक मुद्दा है जो हम नज़रअन्दाज़ नहीं कर सकते हैं वो यह कि डाटा फ़िक्सेशन का उद्देश्य मात्र व्यापार में वृद्धि के लिए ग्राहक के डाटा का प्रयोग करना नहीं होता, बल्कि ग्राहक पर कैसे नज़र रखी जाये, इस बात पर भी ध्यान दिया जाता है। व्यावसायिक रूप से ऐसे डाटा उपलब्ध रहते हैं, इनको बेचना, इनको पैकेट करना बिज़नेस मॉडल के केन्द्र में आता है। जब कोई डाटा बड़ी आबादी से सम्बन्धित होता है, और जब इन्हें संग्रहित किया जाता है, इन्हें मिलाकर इनका विश्लेषण किया जाता है तो यह किसी भी व्यक्ति के बारे में बहुत कुछ बताने की क्षमता रखता है। डाटा से हम किसी व्यक्ति के बारे में, किसी आबादी के बारे में, किसी समाज के बारे में, किसी जाति के बारे में, किसी धर्म-सम्प्रदाय के बारे में, किसकी क्या सोच है, किसमें क्या फ़र्क़ है, आसानी से पता कर सकते है। यह एक निश्चित आबादी को लक्ष्य करते हैं और उनके डाटा को लेकर उनकी जीवन-पद्धति के बारे में पता करते हैं जिससे उनका व्यक्तिगत उद्देश्य जाना जा सके और उसी हिसाब से उसका प्रयोग किया जा सके। उदाहरणार्थ अगर किसी व्यावसायिक का लक्ष्य कोई आबादी है जिसका एक समूह पहले ही उसके बिज़नेस मॉडल से ख़ुश है, लेकिन दूसरा समूह भी है जो कि उसका ग्राहक नहीं है। यहाँ पोस्ट-ट्रुथ का काम यह होता है कि दोनों समूह या दोनों लोगों (ए और बी) के मध्य सामंजस्य बिठाना

और एक ऐसा कथ्य तैयार करना जिससे दोनों को लुभाया जा सके और दोनों फिर एक ही बिज़नेस मॉडल के साथ आगे बढ़ सकें।

इस बात से इनकार नहीं किया जा सकता कि विषय के उत्पादन में विशिष्ट प्रतिभा और साधन का इस्तेमाल होता है और बढ़ता हुआ स्वचालन का विकास (एडवांसमेंट इन ऑटोमेशन) इस प्रक्रिया को और भी कारगर बना देगा। स्वचालन का अर्थ है मनुष्यों की जगह मशीनों को प्रतिस्थापित करना। यह तकनीकों की एक विस्तृत श्रृंखला है जो प्रक्रियाओं में मानवीय हस्तक्षेप को कम करती है अर्थात् निर्णय मानदण्ड, उपप्रक्रिया सम्बन्ध और सम्बन्धित क्रियाओं को पूर्वनिर्धारित करके, साथ ही मशीनों में उन पूर्वनिर्धारणों को शामिल कर लेती है। इससे उत्पादन प्रकिया तीव्र हो जाती है और उत्पाद की मात्रा में भी बढ़ोतरी होती है लेकिन इससे होने वाली कई हानियाँ भी हैं, मसलन–बेरोज़गारी और निवेश के लिए लगने वाली बड़ी पूँजी। परन्तु सबसे बड़ी हानि यह है कि मशीनें मनुष्य नहीं हो सकतीं। इनका पूर्वनिर्धारण भावहीन होता है, इनके द्वारा मानव अनुकूलनशीलता को अक्सर कम समझा जाता है। हर आकस्मिकता का अनुमान लगाना और हर स्थिति के लिए पूरी तरह से पूर्व नियोजित स्वचालित प्रतिक्रिया विकसित करना अक्सर मुश्किल होता है। जैसा कि हम देख सकते हैं स्वचालन उत्पादन प्रक्रिया को बदल रहा है तो इससे इसकी भी सम्भावना है कि किसी कथ्य को रचने और उन्हें फैलाने के लिए राजनीतिक सॉफ़्टवेयर एजेंट का प्रयोग किया जा सकता है। सॉफ़्टवेयर एजेंट एक निर्धारित लक्ष्योन्मुख कम्प्यूटर प्रोग्राम है जो अपने परिवेश अनुसार प्रतिक्रियाएँ देता है और इस कार्य को करने के लिए निरन्तर प्रत्यक्ष पर्यवेक्षण की आवश्यकता नहीं होती। यह ऑटोमेटिक रोबोट का कम्प्यूटरीकृत अनुरूप है।

संज्ञानात्मक प्रौद्योगिकी (cognitive technology) वह तकनीक है, जो मशीनों को मनुष्यों की नक़ल करने की मानसिक क्षमता रखने में मदद करती है। यह उपकरणों का संज्ञानात्मक यानी बुद्धिजीवी उपकरणों में विकास है। यह मानव व्यवहार का अध्ययन कर उनकी नक़ल करती है और इससे निष्कर्ष निकलता है कि अनुभव, ग़लतियों और विभिन्न परिदृश्यों के आधार पर मनुष्य बचपन से वयस्कता तक कैसे विकसित होता है। संज्ञानात्मक प्रौद्योगिकी के प्रयोग से यह अब कठिन नहीं होगा कि किसी भी सूचना को जन्म दिया जा सके और उन्हें नया रूप दिया जा सके। वर्तमान में आर्टिफ़िशियल इंटेलिजेंस की मदद से किसी भी तरह की सामग्री, किसी भी तरह से तोड़-मरोड़ के, किसी भी टारगेट ऑडियंस (अभीष्ट ग्राहक) तक

आसानी से पहुँचायी जा सकती है। इस तरह का जो स्वचालन है, वह पोस्ट-ट्रुथ को और भी आगे ले जायेगा।

यह अलग समस्या है कि डाटा के उत्पादन में पारदर्शिता नहीं रखी जाती और उनके रहस्य को समझने के लिए या तो यूँ कहें कि कोड को डिकोड करने के लिए एक विशेष लाइफ़ स्किल (जीवन कौशल) की ज़रूरत है। और जिस तरह से यह सब आगे बढ़ रहा है, यह समझ पर पोस्ट-ट्रुथ की पकड़ को और भी मज़बूत ही बना रहा है। यह धीरे-धीरे ट्रुथ दावे और तथ्य (verifiable fact) के मध्य की रेखा को और भी धुँधला कर दे रहा है। इसलिए पोस्ट-ट्रुथ के बारे में यह अच्छे से समझ लेना चाहिए कि पोस्ट-ट्रुथ का सम्बन्ध झूठ से नहीं है बल्कि ऐसे कथ्यों से है जो लोगों के पूर्वस्थित विचार और भावनात्मक प्रतिक्रिया से जुड़े हैं। यह एक ऐसी सामाजिक दुनिया का निर्माण करता है जो कि कथ्य के अनुसार है। एक ऐसा संसार रचा जाता है जहाँ डाटा का संग्रह किया जाता है, उसका इस्तेमाल किया जाता है, और उसे एक उद्‌देश्य बनाया जाता है। नया निर्णय उस डाटा पर आधारित होता है। प्रश्न यह उठता है कि क्या सत्य डाटा से परे है? और सत्य अगर डाटा से रचित होता है तो फिर उस रचित सत्य से लिया निर्णय एक और डाटा का निर्माण करेगा, क्योंकि यह प्रक्रिया ही यही है, एक डाटा से दूसरे डाटा का निर्माण होना। फिर इस प्रश्न का उत्तर देना कठिन हो जाता है कि डाटा और तथ्य में अन्तर है कि नहीं। पोस्ट-ट्रुथ इस बात को सही साबित करने में लग जाता है कि डाटा ही सत्य है, इसके परे कुछ है ही नहीं।

अगर कोई ग़ुस्सा है आज के राजनीतिक क्षेत्र में तो इसलिए कि पोस्ट-ट्रुथ की वजह से मतदान का पुराना उद्‌देश्य अब नहीं रहा। मतदान सन्दर्भ का जो प्रतिरूप है वह बदल चुका है, और तो और मतदाता मतदान करते समय पूर्णतः सन्तुष्ट होना चाहते हैं। बदलाव यह आया है कि अब मतदाता पारम्परिक तरीक़े से किसको वोट दे रहे हैं, उसकी उपयोगिता क्या होगी, इसको नज़रअन्दाज़ कर देते हैं। वह अब यह देखते हैं कि उनका राजनीतिक चुनाव उन्हें कितना सन्तुष्ट करता है, अपने राजनीतिक विकल्पों का प्रयोग करने में उन्हें कितनी सन्तुष्टि महसूस हुई। वे अक्सर बजाय उद्‌देश्य के व्यक्ति और उससे अपने सम्बन्ध को देखते हैं, और उन्हें यह चुनाव करके त्वरित आनन्द की अनुभूति होती है। इसके कई पहलू हैं। लोग इसको इस तरह से भी देख सकते हैं कि यह एक स्वतन्त्रानुभूति है और इस तरह से भी कि इसका परिणाम अच्छा नहीं होगा। टेलीविज़न कब से यह आरोप लगाते आये हैं कि गणतन्त्र अब मनोरंजन का रूप ले चुका है। सोशल मीडिया के आगमन से इस बात

की पुष्टि हो जाती है और यह महत्त्वपूर्ण हो जाता है कि अपने राजनीतिक विकल्पों का प्रयोग करने में कितनी सन्तुष्टि मिलती है। सोशल मीडिया ने इस अनुभव के प्रभुत्व को शीर्ष पर पहुँचा दिया है। कहते हैं न कि पूत के पाँव पालने में ही दिखायी देने लगते हैं, उसी तरह कोई भी प्रत्यक्ष घटना या वस्तु अचानक कहीं से नहीं आती है, बल्कि उसकी आहट बहुत पहले से ही सुनायी देना शुरू हो जाती है।

पोस्ट-ट्रुथ एक सामाजिक प्रक्रिया के व्यापक प्रभाव को प्रदर्शित करता है। पोस्ट-ट्रुथ की स्थिति यह है कि पोस्ट-ट्रुथ का 'पोस्ट' इस बात की तरफ़ इशारा करता है कि अब हम सूचना काल से आगे बढ़ चुके हैं, उसके परे जाकर हमें समाज को समझना है और पोस्ट का मौलिक परिवर्तन यह है कि एक नयी क्रान्ति की शुरुआत हुई है।

सूचना युग की विशेषता यह थी कि यह सूचना तक पहुँचने की कोशिश करता है। बहुत सारी जानकारियाँ जो इतिहास में दफ़न हैं, उसको बाहर निकालना उसके क़रीब पहुँचना। वहीं अनुभव युग पारस्परिक अनुभव की, क्षणिक भेंट (मोमेंट्री एनकाउंटर) की और तत्काल अनुभव आधारित सम्बन्ध (इंस्टेंट एक्सपीरियंस बेस्ड कनेक्शन) की बात करता है चाहे वह सूचना आधारित हो या न हो। यह सूचना आधारित अनुभव (एक्सपीरियंस इन इंफ़ॉर्मेशन) पर कम बल्कि किसी भी तरह की जानकारी के कार्यान्वयन और संयोजन से कितना अनुभव मिलता है, उस पर ज़ोर देता है। सोशल मीडिया के समय में मनोरंजन को महत्त्व दिया जाता है और उपभोक्ता को अपने आत्म-मूल्य का अनुभव कराया जाता है। मीडिया के साथ बिना किसी बन्धन के असीमित सम्बन्ध रखना और उनको एक सत्ता का अनुभव कराना सोशल मीडिया परिवेश (एनवायरनमेंट) का यह नया तरीक़ा है। ऐसी जगह में उपभोक्ता को कैसे पूर्णतः सन्तुष्ट किया जाये, इस बात का विशेष ध्यान दिया जाता है और उसके लिए अगर सूचना को फ़िल्टर करना भी पड़े तो उसे कोई फ़र्क़ नहीं पड़ता। यहाँ उपभोक्ता का आनन्द ज़्यादा महत्त्व रखता है। अनुभव काल सन्तुष्टि को ज़्यादा महत्त्व देता है, सूचना के उपभोक्ताओं के सूचना उपभोग के आनन्द की ओर ज़्यादा ध्यान दिया जाता है। इस बात पर ज़ोर दिया जा सकता है कि ऑडियंस के नज़रिये से अनुभव ही प्राथमिक अपेक्षा है।

उपभोक्ता को अब अपनी निष्क्रियता पसन्द नहीं आती। वह उस कथ्य से भावनात्मक जुड़ाव चाहते हैं, और वह भी इस कहानी का हिस्सा बनना चाहते हैं। इन सबके बाद सूचनाएँ उनकी रुचि को जानकर या फिर उनके दिमाग़ में क्या है यह सोचकर उत्पादित की जा रही हैं क्योंकि कोई भी ऐसी सूचना जो इस ढाँचे में फिट

नहीं होगी, उन्हें उसमें रुचि नहीं होगी और ऐसी सूचनाएँ व्यर्थ हो जायेंगी। न्यूमैन का मानना है कि उपभोक्ता सिर्फ़ मनोरंजन नहीं चाहता, वह सशक्त भी महसूस करना चाहता है जिसके अनुकूल संवाद बनाने पड़ते हैं। सर्वश्रेष्ठ विषय-वस्तु वह होती है जो पाठक को महत्त्वपूर्ण महसूस कराये, उसे यह महसूस हो कि वही स्टार है। किसी भी तरह का कार्य/व्यवसाय अब 'स्व-केन्द्रित' हो गया है। चाहे वो शिक्षा का क्षेत्र हो या राजनीति का, उन्हें सिर्फ़ पाने की लालसा लगी रहती है।

टेलीविज़न युग ने एक पूरे जन-विमर्श को बदल कर रख दिया है। टेलीविज़न एक दृश्य देने के बाद तुरन्त दूसरा दृश्य दर्शक के सामने रखता है, हर दृश्य बस थोड़ी देर के लिए ही दर्शक के सामने रुकता है और लगातार सनसनी पैदा करता रहता है। जो भी मनगढ़न्त कहानी प्रस्तुत की जाती है, वो बहुत सतही और तर्कहीन होती है। लोगों को उस पर विचार या तर्क करने का भी समय नहीं मिलता और नया दृश्य प्रस्तुत कर दिया जाता है। जनता ने यही वृत्ति आत्मसात् कर ली है, और वह इसे ही बाक़ी के परिवेश पर भी लागू करने लगती हैं। लोगों के मन में ये बात गहरे तक बैठा दी गयी है कि वे समाज से और नयी सूचनाओं से जुड़े रहें, ट्रेंड के साथ चलें और नयी-नयी जानकारियाँ, अपडेट्स उन तक पहुँचती रहें। समाज में इतनी सूचनाएँ और जानकारियाँ फैली हुई हैं कि लोगों को उनमें से उचित जानकारी चुननी पड़ती है। दुर्भाग्य की बात यह है कि यह चुनाव वह तार्किक होकर नहीं करते, बल्कि उनका चुनाव इस पर आधारित होता है कि यह उनकी पूर्वधारणाओं को कितना पोषित कर रहा है और यह भी कि यह कितना सनसनीखेज़ है। इस तरह के परिवेश में विचार-विमर्श कर किसी भी बिन्दु पर पहुँचने का समय ही नहीं होता। लोगों को इतनी ज़्यादा जल्दी रहती है कि निर्णय लेने में त्वरित भावना महत्त्वपूर्ण हो जाती है।

लैपोवस्की का कहना है कि जनता की एकाग्रता ट्विटर के माप की हो गयी है। पर मेरा तो यह मानना है कि लोगों की एकाग्रता की सीमा टिक टॉक मात्र की रह गयी है। वे बस क्षणिक आकर्षण के पीछे भागते हैं, किसी चीज़ को विस्तृत रूप से जानने की कोशिश नहीं करते। मीडिया ने उनके आसपास इतना दबाव बना दिया है कि उनका अपना कोई मत ही नहीं रह गया है। एक प्रश्न है जो हम सभी को स्वयं से पूछने की आवश्यकता है, वह यह कि हममें से कितने लोग प्राप्त हुई किसी नयी कहानी या सूचना के स्रोत तक जाने की कोशिश करते हैं। मैंने देखा है कि लोग अपने आसपास के समाज की प्रतिक्रियाओं से प्रभावित होकर उस सूचना के बारे में अपनी प्रतिक्रिया तय कर लेते हैं। यही समय होता है जब पोस्ट-ट्रुथ अपना

सर उठाता है। मीडिया की जन्म दी हुई बहुत सारी ऐसी परस्पर सम्बन्धित समस्याएँ हैं जिनके योगदान से पोस्ट-ट्रुथ का उदय होता है। अव्वल तो लोगों की समस्या ये है कि उन्हें त्वरित प्रतिक्रिया देनी है, कहीं ऐसा न हो कि वो पीछे छूट जायें। दूसरी समस्या ये है कि उनके पास विवेचन का भी समय नहीं है कि किस कथ्य के साथ चलना है। तीसरी समस्या ये है कोई सार्थक कथ्य न होने के कारण वो कुछ लोग जो सोचना समझना चाहते हैं, वो इससे जुड़ नहीं पाते। परिणामस्वरूप वो भी प्रयास नहीं करते कि किसी विचार के स्रोत तक पहुँचें या किसी समाचार या तथ्य की सत्यता जाँचें। समय बचाने के लिए वो भी कोई शॉर्टकट ही तलाशते हैं कि किस तरह कम से कम समय में ज़्यादा से ज़्यादा मिल सकता है। इसमें भी कोई आश्चर्य नहीं है कि 'क्लिक्स' ही स्वीकृत किये जाते हैं। कैमरे की क्लिक्स की तरह न्यूज़ या घटनाएँ हमारे सामने आती हैं और हम उन्हें देखकर दूसरे क्लिक की ओर बढ़ जाते हैं, ये विचारना कि पहला क्लिक कैसा था, कहाँ से लिया गया था, किस चीज़ को केन्द्र में रखकर लिया गया था, क्या कोण था, चित्र खींचने वाला क्या दर्शाना चाहता था? इन तमाम प्रश्नों पर समय व्यर्थ करना हम सही नहीं समझते और उसे यूँ ही स्वीकार कर लेते हैं।

अनुभव काल के चश्मे से देखें तो पोस्ट-ट्रुथ जन-उपभोक्ता का क्षेत्र है जो स्वयं को सत्य के बाज़ार में केन्द्र में रखता है और सभी उपभोक्ताओं की तरह उसका ध्येय होता है कि वह इस उपभोग से उपयोगिता और सन्तुष्टि को ज़्यादा से ज़्यादा बढ़ा सके। हर्सिन का मानना है कि पॉलिटिकल ऐक्टर जनता का उपभोक्ता में रूपान्तरण कर देते हैं और इस बात का बिल्कुल ध्यान नहीं देते कि वो दोनों मिलकर एक पोस्ट-ट्रुथ कथ्य का निर्माण करते हैं। इसीलिए यह समझना आवश्यक है कि हमें ऐसा प्रतीत होता है कि उपभोक्ता का सामाजिक रवैया ऐसा है कि वो निष्क्रिय रहता है जबकि सच यह है पोस्ट-ट्रुथ का एक लक्षण है जिसमें वे उत्पादक के साथ अपनी साँठ-गाँठ से अनभिज्ञ रहते हैं। अत: पोस्ट-ट्रुथ में उपभोक्तावादी दृष्टिकोण की महत्त्वपूर्ण भूमिका है।

वर्तमान अर्थव्यवस्था में तुरन्त किसी भी कारणवश उत्तेजित होने की दो भूमिकाएँ हैं, एक तो ये कि जो प्रचलित उपभोक्तावादी प्रथाएँ हैं, उनसे ध्यान हटा दिया जाता है, दूसरा यह कि ध्यान आकर्षित करने की क्षमता स्वयं ही कमॉडिफ़िकेशन का शिकार हो जाती है, जहाँ अनुभव ही उत्पाद भी है और मुद्रा भी। कमॉडिफ़िकेशन (मूल्यीकरण) अर्थात् किसी भी भावना, व्यक्ति या वस्तु को एक उत्पाद में बदलकर उसका मूल्य निर्धारित कर देना। हम पूर्व में ही इस पर

चर्चा कर चुके हैं कि पोस्ट-ट्रुथ झूठ को सच साबित नहीं करता या उससे प्रतिस्पर्धा नहीं करता बल्कि सत्य को प्राथमिक न रखकर गौण कर देता है, जिससे कोई भी मत स्वीकृत कर लिया जाता है बिना उसे सत्यापित किये। किसी भी सूचना को महत्त्वपूर्ण सूचना का रूप देने के लिए यह आवश्यक है कि कितने प्रभावशाली तरीक़े से उसके कथ्य को कहा गया है, और वह कथ्य भावनात्मक रूप से कितना प्रभावी है। राजनीतिक सम्पर्क की विशेषता यह है कि उसमें मनोरंजक मूल्यों तथा राजनीतिक मूल्यों का सम्मिश्रण होता है। उस संचार में भावनात्मक संकेत होने की वजह से लोग उससे जुड़ जाते हैं।

हम सब को पता है कि वर्तमान युग में विषय सामग्री की अपेक्षा पैकेजिंग और ब्रांडिंग का ज़्यादा महत्त्व है, और यही पोस्ट-ट्रुथ के कथ्य को पेश करता है। हर्सिन पोस्ट-ट्रुथ को इमोशनल ट्रुथ (भावनात्मक सत्य) भी कहते हैं। इमोशनल ट्रुथ (भावनात्मक सत्य) उसे कहते हैं जो वेल पॉलिश्ड प्रोमोशनलिज़्म (सुसभ्य प्रचारित) को इतनी बार पेश करे कि वो हमारा ध्यान आकर्षित कर सके। किसी तरह का सोशल नेटवर्क ये तय करता है कि ऑडियंस को कितना आकर्षित किया जा सकता है या उनका ध्यान कितना खींचा जा सकेगा। लोगों का इन मुद्दों या विषयों पर ध्यान आकर्षित करने के लिए फ़ेसबुक या ट्विटर जैसे माध्यमों का प्रयोग किया जाता है।

वर्तमान परिवेश में मनोरंजन केन्द्रित मीडिया ध्यान आकर्षित करने की प्रतिस्पर्धा कर रहा है। नियमित रूप से उपभोक्ता की पसन्द-नापसन्द की सूचना का आदान-प्रदान हो रहा है। ध्यातव्य है कि वर्तमान युवा वर्ग राजनीति में दिलचस्पी नहीं लेता। कुछ युवा जो लेते भी हैं, उनकी संख्या बहुत कम है। इसका महत्त्वपूर्ण कारण यह है कि उन्हें पॉलिटिक्स में त्वरित मनोरंजन नहीं मिलता है। वो अपना समय मीडिया को देना चाहते हैं क्योंकि वो उन्हें परितुष्टि (gratification) का भरोसा दिलाता है, जो उन्हें राजनीति में नहीं मिलता। पारम्परिक मीडिया ने अशिक्षित वर्ग को या यूँ कहें कि उस वर्ग को जिसका बौद्धिक स्तर कम था, उन्हें इस पूरे मायाजाल के बाहर रखा था लेकिन वर्तमान मीडिया उन्हें भी इस मायाजाल में फँसाने का प्रयास करता है क्योंकि उन्हें ऐसे उपभोक्ता चाहिए जो बिना सोचे-समझे उपभोग कर सकें। इसलिए अगर देखा जाये तो ऑनलाइन मीडिया के अपेक्षाकृत प्रिंट मीडिया की लोकप्रियता काफ़ी कम हो गयी है। एक वर्ग है जो इस मनोरंजन से जुड़े रहना चाहता है और एक दूसरा वर्ग है जो इससे बाहर रहना चाहता है। पोस्ट-ट्रुथ इन दोनों के बीच का अन्तर ख़त्म कर देता है। पोस्ट-ट्रुथ राजनीतिक सामग्री

में मनोरंजन सम्मिलित कर देता है। वो उन्हें ऐसी आत्मतुष्टि देता है जो उनके मत को और सुदृढ़ करता है। इसलिए आज का जो मीडिया का परिवेश है, वो सन्तुष्टि को बृहत्तर करने में विश्वास करता है और जो व्यक्ति विशेष के अनुभव को और पुष्ट करता है।

ट्रोलिंग एक पारस्परिक क्रिया बन चुकी है। जनता नेताओं को ट्रोल करती है, नेता जनता को ट्रोल करते हैं। कोई न कोई, किसी न किसी को ट्रोल करने में लगा हुआ है। ट्रोलिंग की सामाजिक स्थिति तो इतनी बेहतर हो चुकी है कि वो राजनीतिक भाषा की एक नयी विधा बन चुकी है। अब इस पर ध्यान दिया जाता है कि कौन कितना बेहतर ट्रोल कर सकता है। ट्रॉलिंग का समाज की मनीषा पर नकारात्मक असर ये पड़ता है कि यह एक ऐसे परिवेश का निर्माण करता है जहाँ उनके तर्क की क्षमता विकसित ही नहीं हो पाती। साथ ही वह किसी व्यक्ति या इमेज को मात्र एक दृश्य तक सीमित कर देता है। वह वास्तविकता पर एक परत चढ़ा देता है जहाँ सत्य नहीं मात्र वह एक दृश्य प्रमुख हो जाता है जो ट्रॉल्स दिखाना चाहते हैं। प्रश्न यह है कि यह ट्रॉलिंग होती क्यों है? ट्रॉलिंग के कई कारण हैं। परन्तु एक प्रमुख कारण यह है कि जनता में बहुत क्रोध और असन्तुष्टि है जिसे ज़ाहिर करने का कोई साधन या मंच उसके पास मौजूद नहीं है। वस्तुतः सोशल मीडिया पर आज इतना द्वेष, गाली, कटुता, शत्रुता और अनादर है, कि लोग इस मंच पर राजनीतिक विमर्श करना ही नहीं चाहते।

कुछ साल पहले ही, कई प्रेक्षक और विद्वान लोकतन्त्र को समृद्ध करने के लिए सोशल मीडिया की ज़बरदस्त क्षमता पर चर्चा कर रहे थे। उन्हें उम्मीद थी कि विभिन्न वर्गों की जनता और नेताओं के बीच सीधे संवाद सम्भव हो सकेगा, जिससे एक सम्यक् भागीदारी वाली पारदर्शी राजनीति की शुरुआत हो सकेगी। किन्तु ट्रोलिंग ने यह संवाद ही असम्भव कर दिया है। नेता अब इसका प्रयोग अपने प्रचार-प्रसार के लिए करने लगे हैं। वे जनता के एक भी प्रश्न का उत्तर दिये बिना अपनी स्वयं की छवियाँ गढ़ने लगते हैं। ऑनलाइन राजनीतिक चर्चाओं के लिए ट्रोलिंग अभी भी अधिक घातक है। कटुता, ऑनलाइन उत्पीड़न और दुर्व्यवहार दूसरों के क्रोध और मानसिक परेशानियों को बढ़ाते हैं। ट्रोलिंग ऑनलाइन चर्चाओं की समग्र गुणवत्ता को भी कम कर सकती है, ट्रोल किये जाने वाले नागरिकों को निष्क्रिय कर देती है और मंच की संवाद क्षमता के प्रति सन्तुष्टि को कम कर सकती है। अधिकांश राजनेता जो संवाद के ध्येय से कुछ पोस्ट करते हैं, वे व्यक्तिगत दुर्व्यवहार का शिकार हो जाते हैं। निरन्तर कटुता और आलोचना प्राप्त करने से वे निराश और संलग्न होने में

अनिच्छुक हो जाते हैं। ट्रोलिंग पर विचार या बहस करने के बजाय उसे प्रोत्साहन दिया जा रहा है। यह आज के दौर का एक नया राजनीतिक मूल्य है। राजनीतिक पार्टियों की नज़र में अब किसी भी लोकतान्त्रिक संस्था का सम्मान नहीं है, और तो और राजनीति को भी व्यक्तिगत कर दिया गया है जिसे करिश्माई नेताओं के उदय से समझा जा सकता है। पहले एक पारम्परिक संरचना थी और एक संस्थागत सत्ता थी। हमारा लोकतन्त्र मूलतः इन मूल्यों पर टिका है—वाद-विवाद, संवाद, विमर्श, और उचित असहमति। हमारे लोकतन्त्र के संविधान के निर्माण में भी इन सभी मूल्यों का ध्यान रखा गया था।

संविधान निर्माण समिति में हर धर्म, जाति और सम्प्रदाय के लोगों का प्रतिनिधित्व सुनिश्चित किया गया था, और उनके बीच तर्क-वितर्क का पूरा स्थान था। हमारी राजनीतिक परम्परा में सदैव परस्पर संवाद और सम्मानपूर्ण तर्क-वितर्क को प्रमुखता दी गयी है। बोस और गांधी, पटेल और नेहरू आदि के विचार एक-दूसरे से बहुत भिन्न थे परन्तु उनके मन में एक-दूसरे के लिए सदैव बहुत सम्मान रहा। उन्होंने कभी सार्वजानिक रूप से किसी पर कभी छींटाकशी या कोई अपमानजनक टिप्पणी नहीं की। उन्होंने ध्यान रखा कि तर्क करते हुई किसी की विचारधारा का मज़ाक़ न उड़ाया जाये। परन्तु ट्रॉलिंग इन्हीं मूल मूल्यों को ख़ारिज कर देता है। इसमें संवाद और तर्क का कोई स्थान नहीं होता। अब तो नेताओं की कोटि या गुणवत्ता इस बात से तय होती है कि कौन कितने करिश्माई व्यक्तित्व का स्वामी है और किसके अन्दर कितनी क्षमता है जनता को अपनी तरफ़ खींचने की। इसीलिए आज के नेताओं ने भावनात्मक अपील और वैचारिक उद्देश्यों को अपना हथियार बना लिया है और राजनीतिक मूल्यों को नज़रअन्दाज़ करते जा रहे हैं। राजनीतिक मूल्य समाज से अलग नहीं होते। यही राजनीतिक मूल्य सामाजिक मूल्यों को जन्म देते हैं और भ्रष्ट राजनीतिक मूल्य एक भ्रष्ट समाज का निर्माण करते हैं। जो नया करिश्माई राजनीतिक नेतृत्व है, इसे किसी नाटक के तौर पर देखा जा सकता है जिसमें नेता अभिनेता बन गये हैं और जनता प्रशंसक या फ़ैन। नेता ध्यान रखते हैं कि उनके करिश्मे का जादू बना रहे और वे अपने विशेष होने का भ्रम या सेलिब्रिटी स्टेटस बनाये रखते हैं। उनके इस चकाचौंध-भरे मायाजाल के पीछे कोई सत्त्व नहीं होता, वो बस अपना प्रचार करने में लगे हुए हैं। और दूसरी तरफ़ मतदाता भी अन्तर्निहित सत्य को नहीं देखते। उनके लिए भावनात्मक अन्तःसम्बन्ध ज़्यादा महत्त्वपूर्ण हो जाता है। ये जो चुनावी कला है, ये पोस्ट-ट्रुथ नेतृत्व के जन्म की तरफ़ इशारा करती है।

पोस्ट-ट्रुथ नेतृत्व इस चकाचौंध-भरे मायाजाल को स्वीकार करता है। उनके लिए सच में भावनाएँ महत्त्वपूर्ण हैं न कि तथ्य। और अगर लोग आपके सत्य पर विश्वास नहीं करते क्योंकि उनको 'फ़ील गुड' नहीं हो रहा क्योंकि उनका पूरा अभिमत भावनाओं पर आधारित है, तब 'हम बनाम वो (us vs them)' की मानसिकता आ जाती है। डेविस का कहना है कि हम समूह मानसिकता (herd mentality) के लोग हैं और इसलिए हम भीड़ का अनुसरण करते हैं। ये बात भी सच है कि अगर कोई निर्णय भावना आधारित है तो आवश्यक नहीं कि वो विवेकशून्य हो जाता है जैसा कि अमूमन तर्कशक्ति के विमर्श में समझा जाता है। ये जो भावनात्मक निर्णय है, इसका मतलब ये भी हो सकता है कि यह लोगों की अपेक्षाओं की लम्बे समय तक उपेक्षा करने का परिणाम है, राजनेताओं द्वारा जनता के गम्भीर मुद्दों को बार-बार लताड़ने का फल है। इसका नतीजा ये हुआ कि राजनेताओं (political actors) को मौक़ा मिल गया इस मौक़े को भुनाने का और पोस्ट-ट्रुथ युग का निकृष्टतम प्रतिफल आपके सामने है। पोस्ट-ट्रुथ की आलोचनाओं की तरफ़ ध्यान देना भी आवश्यक है।

फ़ॉक्स पोस्ट-ट्रुथ चर्चा को अवांछनीय सहानुभूति की संज्ञा देते हैं। ब्राउन इसे सम्भ्रान्तीय बताते हैं। और इन दावों को पूरी तरह से ख़ारिज भी नहीं किया जा सकता क्योंकि अगर कोई किसी राजनीतिक विमर्श या किसी वर्ग को नापसन्द करता है तो उसे आसानी से पोस्ट-ट्रुथ बता सकते हैं। अगर कोई वर्ग अपनी बात प्रस्तुत कर रहा है जो किसी दूसरे वर्ग को नापसन्द हो, तो वह उसे आसानी से पोस्ट-ट्रुथ का परिणाम कहकर और उसे बेहतर समझने के निर्देश के साथ ख़ारिज कर सकता है। पोस्ट-ट्रुथ का लेबल राजनेताओं को उनके विवादित बयानों से बचा सकता है। वह यह कह सकते हैं कि उनकी बात का वो मतलब नहीं था जो वह समझ रही है। यह बात इतनी सहज नहीं है, इसकी कई परतें हैं और जनता तो बस भाव में बहकर प्रतिक्रिया दे रही है, वह इसे समझने में सक्षम नहीं है। लेकिन इस बात को समझने की आवश्यकता है कि पोस्ट-ट्रुथ न तो अनादरसूचक है न किसी राजनीतिक पार्टी विशेष की रक्षा करता है। असल में पोस्ट-ट्रुथ हमारे समय का एक सामान्य लक्षण है।

पोस्ट-ट्रुथ : मीडियाकरण और प्रभाव

एक समय जनसंचार माध्यम थे, और वे निश्चित रूप से खुराफ़ाती थे, और एक दोषी पक्ष था। तब वहाँ भली आवाज़ें थीं जो अपराधियों पर आरोप लगाती थी। और कला (अहोभाग्य !) ने उन लोगों के लिए विकल्प पेश किये, जो जनसंचार की गिरफ़्त में नहीं थे। ख़ैर, यह सब ख़त्म हो गया है। हमें फिर से शुरू से शुरू करना होगा, एक-दूसरे से पूछना होगा कि हो क्या रहा है? [1]

—अम्बर्तो इको

पोस्ट-ट्रुथ और अनुभव काल वर्तमान मीडिया परिवेश पर निर्भर करता है। अतः इस बात को समझना बहुत ही महत्त्वपूर्ण हो जाता है, मीडिया का समाज और उसकी संस्थाओं पर क्या प्रभाव पड़ रहा है। इसका उद्देश्य ये है कि मीडियाकरण के सिद्धान्त को समझ लिया जाये। एडॉल्फ़ का कहना है कि मीडियाकरण ये दिखाता है कि सामाजिक परिवर्तन और मीडिया परिवर्तन एक-दूसरे पर परस्पर निर्भर करते हैं। सामाजिक कार्यविधि में होने वाले परिवर्तन को परिभाषित करने के लिए मीडियाकरण का प्रयोग किया जाता है। मीडिया हमारे सामाजिक वृत्त को निरन्तर प्रभावित करता रहता है जैसे कि राजनीति को वह काफ़ी प्रभावित करता है। यह समझना ग़लत होगा कि मीडिया मध्यस्थ का काम नहीं करता बल्कि यह अपने

---

1. Once upon a time there were mass media, and they were wicked, of course, and there was a guilty party. Then there were the virtuous voices that accused the criminals. And Art (ah, what luck!) offered alternatives, for those who were not prisoners to the mass media. Well, it's all over. We have to start again from the beginning, asking one another what's going on.

सम्पूर्ण रूप में सर्वव्याप्त रहता है और वही अन्तर्निहित मूलभूत विचार बन जाता है। यद्यपि यह आम धारणा हो सकती है कि मीडिया नॉन मीडिया प्रतिनिधियों को ख़ारिज़ कर देता है, परन्तु ऐसा है नहीं। वस्तुतः दोनों की अपनी एजेंसी हैं, फ़र्क़ बस इतना है कि दोनों ही एक-दूसरे के सहयोगी हैं और राजनीति मीडिया की सहायता से अपने अस्तित्व को आगे बढ़ा रहे हैं। राजनीतिक अभिनेता (political actors) नयी परिस्थितियों से सामंजस्य बिठा रहे हैं, स्वयं को उसके अनुकूल बना रहे हैं और अपने आप को मीडियाटाइज़ कर रहे हैं। हेप और हसेरब्रिंक जैसे विद्वानों का मत है कि मीडियाकरण तकनीकी मीडिया को अधिकृत करता है और इस बात का भी ख़याल रखता है कि कैसे अलग-अलग सामाजिक क्षेत्र मीडिया के द्वारा निर्मित किये जाते हैं, और तो और जो अलग-अलग सामाजिक क्षेत्र हैं उसकी सीमाओं को मिटाने का भी प्रयास करते हैं। मीडियाकरण इतना महत्त्वपूर्ण इसलिए बन चुका है क्योंकि ये सिर्फ़ लोकमत को ही नहीं रचता है बल्कि एक एजेंडा भी तय कर देता है और नेताओं (political actor) को उसके अनुसार चलने के लिए बाध्य कर देता है। चूँकि जनता की राजनीतिक समझ और नज़रिया मीडिया से ही बनता है और वही उनका निरूपण करते हैं, इसलिए मीडिया ही जनता की धारणाओं को प्रभावित करता है।

मीडिया इतना व्यापक हो चुका है तथा इसका उपयोग इतना ज़्यादा हो रहा है कि यह नियमित ज़िन्दगी का एक अंग बन चुका है। लोगों को ऐसा लगता है कि अगर आप मीडिया से नहीं जुड़े हैं तो आपका अपना कोई अस्तित्व ही नहीं है। मीडिया ने हर उम्र और हर वर्ग के व्यक्ति को अपनी गिरफ़्त में ले रखा है। ये उनकी ज़रूरत बन चुका है। स्मार्टफ़ोन की उपस्थिति ने यह सुनिश्चित किया कि कोई व्यक्ति मीडिया के अधिकार क्षेत्र से बाहर न हो। मीडिया ने राजनीति, मनोरंजन और संचार के बीच के अन्तर को लगभग ख़त्म कर दिया है और ये चीज़ पोस्ट-ट्रुथ परिवेश के अनुकूल है।

वर्तमान समाज में मीडिया इतना आगे बढ़ चुका है कि सामाजिक परिवेश और मीडिया आपस में गुँथ चुके हैं। मीडिया एक सत्ता बन चुकी है, सारी संस्थाएँ उसके नियम के आगे समर्पण कर देती हैं। लोगों को लगता है कि उनकी सफलता इस बात पर निर्भर करती है कि वो कितने अच्छे से मीडिया को 'मैनेज' करते हैं। मीडियाकरण पर ध्यान देने का मतलब है समाज में होने वाले परिवर्तनों में मीडिया की भूमिका को समझना।

जहाँ तक पोस्ट-ट्रुथ का सम्बन्ध है, मीडियाकरण की चर्चा करते समय पारम्परिक न्यूज़ मीडिया और सोशल मीडिया पर अलग-अलग ध्यान दे पाना कठिन हो जाता है। लेकिन वर्तमान मीडिया के कुछ अंग हैं जैसे सर्च इंजन्स, एल्गोरिथ्म, डेटा बेस जिनको हम नज़रअन्दाज़ नहीं कर सकते। ये हमारी रोज़मर्रा की ज़िन्दगी के अंग हैं और हमारे सामाजिक परिवेश को और उसमें हमारी सहभागिता को प्रभावित करते रहते हैं। एंडरसन का मानना है कि वस्तुओं के संग्रहण (archiving), खोजबीन (searching) और व्यवस्थित करने (ordering) के पीछे के तर्क ने सिर्फ़ मीडिया को नहीं बल्कि हमारी पूरी संस्कृति को बदलकर रख दिया है। पहले किसी सूचना की छानबीन करना बड़ा रोचक और जटिल हुआ करता था, वर्तमान खोजबीन संस्कृति में यह बड़ा आमफ़हम हो चुका है।

एल्गोरिथ्म का ये काम होता है कि वो आपकी रुचियों को ध्यान में रखते हुए ऐसी सूचनाएँ प्रदान करे कि आप जो ढूँढ़ रहे हैं, वो आपको उपलब्ध हो जाये। दिलचस्प बात यह है कि जब हम खोजबीन (सर्च) करने की कोशिशें कर रहे होते हैं तो हमारे दिमाग़ में एक ख़ाका पहले से होता है और हम चाहते हैं कि हमारे पूर्वाग्रहों को पुष्ट करे। एल्गोरिथ्म का काम ये भी होता है कि आपके व्यवहार और मानसिकता का पूर्वानुमान करके न्यूज़ को एक श्रेणीबद्ध तरीक़े से उसी तरह पेश करे जैसे आप चाहते हैं। और ये सब कुछ एक उचित पर्याप्त डेटाबेस के बिना सम्भव नहीं है। डेटाबेसेस ने स्मृतियों को स्थानापन्न कर दिया है। यही डेटाबेस राजनेताओं की मदद करता है सूचनाएँ इकट्ठी करने में और उन्हें अद्यतन बनाये रखने में। ये उनके लिए एक द्वारपाल की तरह कार्य करता है, कौन सी सूचना रखी जाये, कौन सी हटाई जाये और कौन सी जनता तक पहुँचायी जाये। दिलचस्प ये है कि इससे कौन-से विमर्श को जनता के बीच रखा जाये, यह आसान हो जाता है, और तो और किसी विषय को जनता की स्मृति से मिटाना भी आसान हो जाता है। हमारे दिमाग़ में विकास का जो स्वरूप है, वो उनका तय किया हुआ है। ये विकास हमें यथार्थ की ओर ले जाता है परन्तु यह यथार्थ भी उनका तय किया हुआ है। एल्गोरिथ्म की मदद से उसे संगृहीत करना, सुलझाना, सरलीकरण करना और पुनः प्राप्त करना आसान हो जाता है। व्यक्ति और समाज के बीच एक डिजिटल पटल बना दिया गया है। यह पटल ही इन दोनों के बीच पारस्परिक सम्बन्ध तय करता है और सत्य और पोस्ट-ट्रुथ की दुविधाओं का समाधान करता है। ये सत्यापित करता है कि कौन सा सच का दावा तथ्यात्मक है और कौन सा काल्पनिक है, क्योंकि यही जनता के बीच प्रमाण प्रस्तुत करते हैं।

ऐसा नहीं कि इससे सिर्फ़ कुछ संस्थाएँ ही प्रभावित होती हैं। पूरे के पूरे सामाजिक परिवेश को बदलने में मीडिया की अहम भूमिका है और वो इसके निरन्तर परिवर्तन में सहभागी बना रहता है। मीडिया पोस्ट-ट्रुथ युग को सक्षम बनाता है। कोई भी व्यक्ति किसी न किसी वर्ग से सम्बद्ध होता है, और ये सम्बन्ध किसी न किसी नैरेटिव की वजह से होता है। नैरेटिव सम्भव होता है एक सार्थक संवाद से और सार्थक संवाद सम्भव होता है मीडिया के प्रयोग से। ये सारे वर्ग किसी भी मुद्दे पर एकमत होकर अपनी राय देते हैं बिना उसका परीक्षण किये हुए। मीडिया इस वर्ग को विषय भी देता है और उनके एकमत होने के माध्यम भी मीडिया ही तय करता है। जो भी विषय उन्हें एकमत करता है, वो परस्पर संवाद द्वारा स्वयं को स्वमान्य कर देता है तथा अपना सुदृढ़ीकरण भी कर देता है। ऐसे परिवेश में एक विशेष नैरेटिव पर उनका साझा विश्वास उस वर्ग की सामूहिक पहचान बन जाती है और उसमें कथ्य और तथ्य मिल-जुलकर एक हो जाते हैं।

मीडियाकृत राजनीतिक सहभागिता, जनता की आवाज़ को और राजनीतिक प्रक्रिया के परिणाम को एक नया रूप देता है। वह इनकी प्रकृति उपभोक्तावादी बना देता है। ये सब इसलिए होता है कि वो करिश्माई व्यक्तित्व अपनी शक्ति, अपनी ऊर्जा, अपने सामर्थ्य और अपने औचित्य को सिद्ध कर सके और इसके मीडियाकरण के द्वारा यह सुनिश्चित करते हैं कि उनके अनुयायी/समर्थक अपने आपको उनके समक्ष समर्पित कर दें। मीडियाकरण के स्वरूप का अर्थ है कि राजनीति को मीडिया सिर्फ़ अभिव्यक्त या संचालित ही नहीं करता है बल्कि किसी ब्रांडेड वस्तु की तरह उसका उपभोग भी सुनिश्चित करता है, उसे किसी संस्था के साधनों की आवश्यकता नहीं होती जैसी पहले प्रचार के लिए आवश्यकता होती थी। ये सीधा अधिनायक तथा जनता के बीच सम्बन्ध स्थापित कर देता है। जनता अधिनायक की आवाज़ आसानी से सुनती है और उसमें निवेश करती है। बहुत सारे नेताओं का उदाहरण हम ले सकते हैं जो ज़मीं से उभरकर आये हैं। भारतीय राजनीति में हम उन्हें देख सकते हैं जिन्होंने पारम्परिक राजशाही को उलटकर रख दिया। ऐसा सम्भव इसलिए हो सका कि उनके साथ एक नया समर्थक वर्ग खड़ा हुआ जो सामाजिक-मीडियाकृत राजनीति का परिणाम है। इस परिवेश में 'परिणाम' का मतलब सिर्फ़ राजनीतिक परिणाम नहीं अपितु सामाजिक भी है। दूसरे शब्दों में कहें तो राजनीतिक अभिनायक में निवेश और एक आवाज़ मिल जाने का आनन्द अपने आप में एक परिणाम (आउटपुट) है, पर उससे ज़्यादा आनन्ददायक उससे प्राप्त होने वाली त्वरित सन्तुष्टि है। और फिर इस सन्तुष्टि को और पुष्ट करने और

उसे निरन्तर बनाये रखने के लिए ऐसे समाचार स्रोतों की रचना करता है जो पक्षपात पैदा करने में मदद करते हैं। ये एक स्वरूप को सुदृढ़ कर उसे बनाये रखता है और इस तरह के संवादों को बढ़ावा देता है, जनता को उलझाये रखने में मदद करता है। मीडिया की संवादात्मक प्रवृत्ति का जो बदला हुआ स्वरूप है, वो भी परिणाम में आता है। दिलचस्प बात ये है कि इस तरह की सहभागिता कमॉडिफ़िकेशन (उत्पाद में रूपान्तरण) मीडिया को चुनौती नहीं देता सिर्फ़ उसकी अभिपुष्टि करता है और उसे नये प्रतिमान में समायोजित क़रता है। ऑडियंस और कम्यूनिकेटर के बीच ये सम्बन्ध बना रहे, यही पोस्ट-ट्रुथ का मूल सिद्धान्त है।

सिर्फ़ ये समझ लेना कि सामाजिक क्षेत्र (social domain) ही मीडियाकृत है ग़लत होगा, सच तो ये है कि हमारा स्व भी मीडियाकृत हो चुका है। स्व को मीडियाकृत करने के बहुत सारे तरीक़े हैं। पहला है स्वयं का प्रस्तुतीकरण। प्रस्तुतीकरण में मीडिया दिखाता है कि हम ख़ुद को डिजिटल रूप में कैसे देखते हैं, उदाहरणतः हम अपना सोशल मीडिया प्रोफ़ाइल ले सकते हैं, इससे हमें ये पता चलता है कि हम स्वयं को कैसे प्रस्तुत करते हैं। हमें ऐसा लगता है कि ये सब हम कर रहे हैं, पर होता ये है कि मीडिया हमें एक विशिष्ट तरीक़े से अपने आप को प्रस्तुत करने के लिए निर्दिष्ट कर रहा होता है, और हम उसी के अनुसार स्वयं को डिजिटल रूप में प्रस्तुत करते हैं। जहाँ तक सामाजिक सम्पर्क की बात है, हम अपने डिजिटल रूप से ज़्यादा लोगों से जुड़े होते हैं, और ये हमारे व्यक्तिगत सम्पर्क का प्रतिस्थापन होता है और यही मीडियाकृत सम्पर्क कहलाता है।

दूसरा तरीक़ा है हमारे डिजिटल व्यक्तित्व के द्वारा। डिजिटल व्यक्तित्व उसे कहते हैं जब डिजिटल पदचिह्नों के आधार पर डाटा एकत्र कर लिया जाता है, और निजी कॉर्पोरेशन उसी डाटा का इस्तेमाल करके मुनाफ़ा कमाते हैं। मरडॉक का कहना है कि ये जो डिजिटल प्रतिरूप का निर्माण है या यूँ कहें कि जो कार्बन कॉपी तैयार होती है, उससे बड़ी कम्पनियों को अच्छा अवसर मिल जाता है मुनाफ़ा कमाने का। इस कार्बन कॉपी के ज़रिये कॉरपोरेशन हमारी निजी ज़िन्दगी में, हमारे जीवन के हर कोने में पहुँच जाती है, और इस निजी जानकारी का प्रयोग विज्ञापन के लिए किया जाता है। पॉलिटिकल ऐक्टर भी राजनीतिक सम्प्रेषण के लिए इसका इस्तेमाल करते हैं जो कि पोस्ट-ट्रुथ के निर्माण में योगदान देती है। ये जो डिजिटल कार्बन कॉपी होती है जिसे हम एक काल्पनिक व्यक्तित्व कह सकते हैं, ये दृष्ट उपस्थिति भी सम्प्राप्त कर लेते हैं और सोशल मीडिया में आम मनुष्यों की तरह

काम करने लगते हैं। इस तरह से वास्तविक व्यक्तित्व और डिजिटल मीडिया के व्यक्तित्व की जो सीमा-रेखा है, वो धुँधली हो जाती है और व्यक्तित्व को भी पोस्ट-ट्रुथ के अधीन कर देता है।

आख़िरकार डिजिटल व्यक्तित्व उपभोग के आनन्ददायक अनुभव के स्रोत हैं। मीडियाकरण ने डिजिटल मुठभेड़ सम्भव करायी है जिसके फलस्वरूप हम संसार के किसी भी व्यक्ति से या उसके विचारों से मुठभेड़ कर सकते हैं। एक ऐसे संसार से जो ख़ुद ही मीडियाकृत हो चुका है। पहुँच से लेकर सूचना तक, बिम्ब से लेकर आभासी यथार्थ तक, संसार मीडियाकृत हो चुका है। यहाँ एक प्रश्न ये उठ सकता है कि इससे कहाँ तक फ़र्क़ पड़ता है कि डिजिटल व्यक्तित्व वास्तविक व्यक्तित्व के कितना अनुरूप है? परन्तु इस प्रश्न का कोई मतलब नहीं है, यह प्रश्न ही महत्त्वहीन है। दिलचस्प बात यह नहीं है कि डिजिटल व्यक्तित्व वास्तविक व्यक्तित्व के अनुरूप है या नहीं, बल्कि यह है कि यह ऐसा विषय है जो छल योजना के लिए, प्रोपेगंडा के लिए, विरोधी प्रभाव के लिए एकदम तत्पर रहता है, और मीडियाकरण के कारण यह एक ऐसे माहौल को जन्म देता है जहाँ ये सारी बातें एकदम सहज हो जाती हैं। उदाहरणत: अगर व्यक्ति ने कोई विचार दिया, जो उस फ़ील गुड के दायरे में नहीं आता, तो उसके प्रति जो प्रतिक्रियाएँ आती हैं, वो इतनी भावनात्मक रूप से प्रबल होती हैं कि न तो तार्किकता पर ही ध्यान दे पाती हैं न उसके पीछे के तथ्य की पुष्टि ही करती हैं। वे एक ऐसे माहौल का सृजन करती हैं कि उसकी ज़द में कई ऐसे लोग आ जाते हैं जिनका उस विषय से कोई लेना-देना ही नहीं था, वे बस एक potential candidate या सम्भाव्य उम्मीदवार थे। ये लहर जितनी तेज़ी से उठती है, उतनी ही तेज़ी से ग़ायब भी हो जाती है।

वर्तमान समाज में ये जो व्यक्तिगत सम्पर्क को स्थानापन्न करके तकनीकी मीडियाकृत संचार है, वो पोस्ट-ट्रुथ के विकास के लिए बनी बनायी सामग्री दे देता है क्योंकि इस तरह के संचार में अन्तर मानवीय संचार तो होता नहीं है, यह तो एक डिजिटल कार्बन कॉपी का हमारी डिजिटल कार्बन कॉपी से संचार होता है। पूरे संचार का आधार ही एक डिजिटल प्रणाली बन चुकी है और सारी संस्थाएँ और संचार निकाय सब मीडियाकृत हो चुके हैं। निश्चित रूप से कुछ सामाजिक क्षेत्र मीडियाकरण से तीव्रता से प्रभावित होते हैं। वो वे क्षेत्र हैं जो जनता और दर्शकों की सहभागिता पर निर्भर होते हैं, यथा—धर्म, राजनीति, शिक्षा, खेल और कला। लेकिन यही नहीं मीडियाकरण हर क्षेत्र को प्रभावित करता है। इसीलिए राजनीति का मीडियाकरण अनुसन्धान का विषय है, न कि किसी राजनीतिक पार्टी या राजनीतिक

व्यक्तित्व का मीडियाकरण। आवश्यक प्रश्न ये नहीं है कि राजनीति का मीडियाकरण हो चुका है या नहीं क्योंकि यह प्रश्न पूछना ही मूर्खता है, आवश्यक प्रश्न ये है कि किस हद तक राजनीति का मीडियाकरण किया जा चुका है। मीडियाकृत राजनीति अपनी स्वायत्तता खो चुकी होती है। इसकी केन्द्रीय कार्यप्रणाली जनसम्पर्क आधारित हो जाती है और इसके विचार भी उसी से रूपायित होने लगते हैं। राजनीति का एजेंडा मीडिया के तर्कशास्त्र के द्वारा तय होता है।

मीडियाकरण के बारे में तो यहाँ तक कहा जाता है कि इसने राजनीतिक नेतृत्व की छुट्टी कर दी है। उसने इनकी मूल आवश्यकता को ही ख़त्म कर दिया है। इसने सोशल मीडिया के द्वारा वर्गों का स्वतः संगठन सम्भव कर दिया है, अतः साधारण जनसमुदाय के लोगों को भी राजनीति में प्रवेश का अवसर मिल जाता है। परिणामस्वरूप सौपानिक या वर्गीकृत संरचना इस मीडियाकरण द्वारा खण्डित हो जाती है। हार्डट और नेग्री (Hardt & Negri) का मानना है कि यह प्रस्तुतीकरण के लिए संकट खड़ा कर रहा है और तो और यह लोकतन्त्र के प्रति एक गहन अन्धविश्वास की ओर इंगित करता है। वर्तमान में किसी भी विषय का प्रस्तुतीकरण इतना आसान नहीं रह गया है। किसी भी विषय को परिभाषित करने के लिए उसके विलोम को परिभाषित करना अर्थात् अन्य की अवधारणा का होना आवश्यक है। उदाहरणतः किसी मनुष्य को परिभाषित करने के लिए जानवर का ख़ाका होना चाहिए। निरोगी शरीर के निर्धारण के लिए रोगी शरीर की अवधारणा होनी चाहिए। मीडियाकरण के कारण यह अन्य को विभाजित करने वाली रेखा ही ख़त्म हो गयी है। किन्तु गहन विश्लेषण करने पर हार्डट और नेग्री का कथन पूर्णतः सटीक नहीं हो पाता। बहुत-से आन्दोलनों को नेतृत्वहीन और स्वतःस्फूर्त प्रस्तुत किया जाता है परन्तु वह भी संचालित हो रहे होते हैं। जो एक पार्टी की सामूहिक पहचान हुआ करती थी, उसे संयोजनात्मक उपायों द्वारा अर्थात् तकनीकी तरीक़ों से स्वयं से जोड़कर सोशल मीडिया द्वारा स्थानापन्न कर दिया जाता है।

ये जो संयोजक भूमिका है, ये दिखाती है कि लोगों का सामूहिक निवेश हो रहा है। हम पूर्व में उल्लेख कर चुके हैं कि अनुभव काल में सबको अपने आनन्द में वृद्धि करनी होती है और उनके लिए सन्तुष्टि भी आवश्यक है। मीडियाकरण द्वारा उन्हें ये अनुभूत होता है कि वो पार्टी से जुड़े हैं और जो महत्त्वपूर्ण प्रभावशाली नेता हैं, उनसे उनका सम्पर्क या सम्बन्ध लगातार बना हुआ है जो उन्हें सन्तुष्टि प्रदान करता है। हमें ये बात कभी नहीं भूलनी चाहिए कि अधिकतर नेता नहीं चाहेंगे कि वो आकर्षण या चर्चा का केन्द्र न रहे। इसलिए भावात्मक नेतृत्व को समझना

महत्त्वपूर्ण है। वर्तमान परिप्रेक्ष्य में सेलिब्रिटी राजनीति और सितारा प्रशंसक सम्बन्ध को जोड़कर देखने की आवश्यकता है क्योंकि इसके बिना वर्तमान राजनीति को समझना असम्भव है। यहाँ यह नहीं समझना चाहिए कि किसी विशिष्ट गुण के कारण जनता ने किसी को नेता बनाया है या उसकी प्रशंसक है। ऐसी राजनीतिक संस्कृति में वास्तविक गुण के बजाय मायने ये रखता है कि उस व्यक्ति के अन्दर ये कला है कि वो जनता से ऐसे सम्बन्ध बनाये कि वही आकर्षण का केन्द्र बना रहे। ऐसा तभी हो सकता है जब वो अपने आप को वैसे प्रस्तुत करे जैसा सामूहिक 'हम' की उस समय के चुनावी राजनीति में माँग हो। वो एक सामूहिक पहचान (ब्रांड) तभी बन सकता है जब उसकी बातें और उसके विचार लोगों को चुनाव के उस माहौल में भावनात्मक रूप से प्रासंगिक लगें।

मीडियाकरण के परिप्रेक्ष्य में 'प्रभाव' एक महत्त्वपूर्ण विशेषता है। प्रभाव सिर्फ़ अनुभव काल को समझने के लिए नहीं बल्कि मीडियाकरण के लिए भी आवश्यक है, क्योंकि इसमें व्यक्तिगत सम्पर्क नहीं होता। मीडियाकरण का अर्थ है डिजिटल आमना-सामना और यह तभी सम्भव होगा जब दोनों पक्षों की उपस्थिति प्रभावित हो। मीडिया परिवेश को देखते हुए भावनात्मक प्रभाव ज़्यादा कारगर होता है। मीडियाकरण से जुड़े बदलाव सिर्फ़ जानकारियों को ही आगे नहीं बढ़ाते या सिर्फ़ विचार या मत ही नहीं प्रेरित करते बल्कि ये वैश्विक स्तर पर भावनात्मक विनिमय भी होते हैं जो डिजिटल प्रभाव की संस्कृति में योगदान देता है। जनता ख़ुद इतना ज़्यादा भावुक हो जाती है कि वह एक भाव के बोध से बँध जाती है। डोवेलिंग का मानना है कि 'प्रभाव' लोगों से भावनात्मक सम्बन्ध बनाने का माध्यम है जिसमें भाव ही उस सम्बन्ध का मुख्य आधार है। मीडियाकृत परिवेश में भावना ही है जो सामूहिक भी है और सापेक्ष भी। ये हर व्यक्ति का कुछ न कुछ योगदान सम्भव बनाती है। ये सर्वज्ञात है कि भावना प्रवाहमयी होती है। यही आगे जाकर दो श्रेणियों का निर्माण करती है, एक है 'स्व', और दूसरा है 'पर'। यहाँ एक ऐसी वैचारिक बोधगम्यता का निर्माण होता है जहाँ पर दूसरे की भावना का कोई स्थान ही नहीं होता है। ये जो भावुक जनता है, वो 'आंशिक प्रतिनिधि' है—तात्पर्य यह है कि जो 'प्रतिनिधि' है, वो उन व्यक्तियों का समूह है जो ये महसूस करते हैं कि हम सब एक वर्ग के हैं। 'आंशिक प्रतिनिधि' का अर्थ ये है कि वह स्थापित नहीं है, उसे पूर्णतः स्थापित करने के लिए एक प्रभावशाली नेतृत्व की आवश्यकता होती है, जो व्यक्तियों को संगठित कर सके। राजनीति के मीडियाकरण का दूसरा लक्षण या दूसरी विशेषता है कि ये मीडिया प्रभावी नेतृत्व आत्म केन्द्रण आवश्यक कर देता है।

एक बात मैं यहाँ साफ़ कर देना चाहता हूँ कि प्रभावी नेतृत्व मीडियाकरण में किसी विचार या फिर किसी विश्वस्त प्रकरण पर आधारित नहीं होता है। राजनीतिक नेताओं को ये पता होता है कि वे भावनात्मक रूप से कितने लोगों से जुड़े होते हैं, अतः वह स्वयं को टेलीविज़न या अन्य संचार माध्यमों पर उपलब्ध रखते हैं। और वो संचार माध्यम ऐसे होते हैं जो मनोरंजन या सूचना दोनों को आगे बढ़ाते हैं। इन माध्यमों के द्वारा वो एक उम्मीद बनाये रखते हैं और लोगों की भावनाओं के साथ खिलवाड़ करते हैं। यह समझना भी आवश्यक है कि ये जो मीडियाकरण के द्वारा बदलाव आया है वो आकस्मिक नहीं है, ये एक लम्बी क्रमिक प्रक्रिया है। जबसे टेलीग्राफ़ का उपयोग होने लगा तब से व्यापारिक प्रथाओं में और रोज़मर्रा की ज़िन्दगी में भी काफ़ी बदलाव आये। प्रिंटिंग प्रेस का आविष्कार भी कहीं हद तक इस बदलाव के लिए ज़िम्मेदार है परन्तु टेलीग्राफ़ का बदलाव ज़्यादा स्पष्ट है। मीडिया और आर्टिफ़िशियल इंटेलिजेंस ने इस परिवर्तन को जिस तेज़ी से आगे बढ़ाया कि यह परिवर्तन लोगों के हर क्षेत्र में नज़र आने लगा और इन सबने मिलकर एक संयुक्त प्रभाव पैदा किया।

मीडियाकरण को इस नज़रिये से देखना आवश्यक है कि इसने घटनाओं को रचना शुरू कर दिया है। मीडियाकरण कोई निश्चित परिकल्पना या सिद्धान्त नहीं है बल्कि ये एक संवेदनात्मक अर्थात् भावोत्तेजक सिद्धान्त है। किन्तु यह आवश्यक है कि मीडिया को हल्के में न लिया जाये क्योंकि मीडिया मात्र साधन नहीं है, वह साधन भी है और कारक भी। मीडिया संवेदना के साथ-साथ सामाजिक तनाव और अन्तर्विरोध भी पैदा करता है और पोस्ट-ट्रुथ को पूरी तरह समझने के लिए इसे नज़रअन्दाज़ नहीं किया जा सकता।

थॉमस जेफ़र्सन के अनुसार जो कुछ हम इंटरनेट पर पढ़ते हैं, उन सब पर विश्वास करने की ज़रूरत नहीं है। अगर इसे गम्भीरता से लें तो एक बात जो हमें सोचने पर मज़बूर करती है, वो ये है कि ऐसा क्यों? क्या हमें इंटरनेट पर पढ़ने को झूठी चीज़ें मिलती हैं? और अगर वो विश्वसनीय नहीं हैं तो उन्हें शेयर क्यों किया जाता है? हमें ऐसी चीज़ों पर विश्वास दिलाने का उद्देश्य क्या होता है? और ये प्रश्न तो है ही कि हम किस पर विश्वास करें और किस पर नहीं, ये कैसे तय कर सकते है? लेकिन इस कथन का सबसे महत्त्वपूर्ण पक्ष यह है कि यह इस बात को साबित कर देता है कि इंटरनेट की दुनिया अलग है और अलग धारणाओं पर चलती है। अब हमें इस बात पर विचार करना चाहिए कि इंटरनेट के आने से पारम्परिक मीडिया पर क्या प्रभाव पड़ा। विचार करने पर यह बात निकलकर आती है कि पारम्परिक

मीडिया के पतन में इंटरनेट का बहुत बड़ा योगदान था। कैथरीन सीयले की मानें तो 1984 में यूनाइटेड स्टेट्स में समाचार-पत्रों का आधिपत्य था। केबल टीवी के आने से इसमें भारी गिरावट हुई। 1990 के आसपास वर्ल्ड वाइड वेब के आने से भी प्रिंट मीडिया को काफ़ी नुक़सान हुआ। यह सर्वज्ञात है कि 2008 में वित्तीय बाज़ार/आर्थिक बाज़ार को बहुत बड़ा धक्का लगा था, राजस्व में गिरावट आ गयी और अभिदाता और निवेशक बाज़ार छोड़कर जाने लगे। धीरे-धीरे समाचार-पत्र के पन्ने कम होने लगे, कर्मचारी भी कम होने लगे। समाचार-पत्रों के लिए 2015 मन्दी का दौर था। पेव शोध केन्द्र (pew research centre) से हमें ज्ञात होता है, पिछले साल में प्रिंट मीडिया के बाज़ार में लगभग 40% की गिरावट आयी है। ये अलग बात है कि केबल टीवी नेटवर्क दूसरी तरह के पतन से जूझ रहे थे।

टीवी हो या प्रिंट मीडिया, हम देखेंगे कि 2010 के बाद से तथ्यात्मक सूचनाएँ या समाचार दिखाना इनके लिए आवश्यक नहीं रह गया है बल्कि एक पूर्वाग्रही पक्षपाती कवरेज दिखाना ही इनके लिए महत्त्वपूर्ण है। फ़ेसबुक ने 2004 में लोगों को अपने नये-पुराने दोस्तों से मिलने का एक नया आभासी मंच दिया। इसके माध्यम से लोगों ने नये दोस्त भी बनाये जिनसे उनकी कभी व्यक्तिगत मुलाक़ात नहीं होती थी। फ़ेसबुक ने ऐसा परिवर्तन लाया कि लोग अपने विचार ज़ाहिर कर सकते थे। इससे पहले भी ऐसे कुछ मंच थे लेकिन फ़ेसबुक ने उन सबको पीछे छोड़ दिया और उसने ऐसी प्रगति की कि वह एक समाचार संकलनकर्ता के रूप में सामने आया। शुरुआत में इसका स्वरूप ऐसा नहीं था कि लोग उस पर समाचार, सूचना या अपने विचार शेयर किया करते थे। फ़ेसबुक ख़ुद एक पेज था जिसमें सारे उपभोक्ता 'ट्रेंडिंग स्टोरी' (trending stories) देख सकते थे। उस पेज पर ट्रेंडिंग स्टोरी नाम से फ़ेसबुक का एक कॉलम था, जिस पर लोगों को लाइक करना था। अगर वो लाइक करते तो उससे सम्बन्धित या उस तरह की स्टोरी उनके पेज पर झलकती थी। इसे देखकर लोगों ने इस तरह के और भी साधन बनाये। फ़ेसबुक के 2004 में आने के बाद, इसी से प्रेरित 2005 में यूट्यूब आया, 2006 में हमेशा न्यूज़ में बने रहने वाला ट्विटर स्थापित हुआ।

वर्तमान जनता इंटरनेट से सूचनाएँ या समाचार प्राप्त करती है और वो उसी वेबसाइट को वरीयता देती है जो उसके मन-मुताबिक़ विचार परोसते हैं। ऐसा नहीं है कि पहले की प्रिंट मीडिया में वो स्थितियाँ नहीं थीं। बहुत सारे हिन्दी और अंग्रेज़ी समाचार-पत्र बाज़ार में उपलब्ध हैं। लोग अपने मन मुताबिक़ पत्र का चुनाव करते हैं और वही पढ़ते हैं। दिलचस्प ये है कि उनका चुनाव किस बात पर

आधारित होता है। विद्यार्थी ऐसा 'पत्र' चुनेंगे जिससे उन्हें नौकरियों के बारे में पता चल सके, वहीं जिन्हें राजनीति में अभिरुचि है, वो ऐसा पत्र चुनेंगे जो राजनीतिक ख़बरों का अच्छा विश्लेषण करता है। मैं यहाँ किसी विशेष समाचार-पत्र का ज़िक्र नहीं करना चाहता, किन्तु कुछ पत्र ऐसे हैं जो सिर्फ़ एक विचार और एक विशेष राजनीतिक तथा सांस्कृतिक दृष्टिकोण को ध्यान में रखकर छापे जाते हैं जिससे अमुक विचारधारा को लोगों तक पहुँचाया जा सके। इसलिए ध्रुवीकरण और विखण्डन पूर्व में भी था किन्तु वर्तमान में उसका स्तर काफ़ी गिर गया था। और वर्तमान के समाचार-पत्रों की एक समस्या यह भी है कि इनकी पद्धति एक व्यवस्था के अन्दर नहीं है। अत: किसी एक बिन्दु पर दोष नहीं मढ़ा जा सकता है, और यह एक बहुत विषाक्त परिवेश का निर्माण करता है।

वर्तमान मीडिया अविनियमित है और यह अविनियमन समाज के लिए उचित नहीं है। यहाँ अविनियमन के बारे में समझना आवश्यक हो जाता है। विनियमन नियन्त्रण नहीं है, अपितु एक नियमित संचालन की विधि है जो ऐसी परिस्थितियों का निर्माण करती है जहाँ सभी समान अधिकार तथा समान अवसर प्राप्त कर सकें। यह एक संस्था के एवं समान नियमों के अन्तर्गत सभी वर्गों को समान रूप से संचालित करता है और उन्हें उनके कार्यों तथा विचारों के परिणाम से जोड़े रखता है। लेकिन वर्तमान मीडिया ऐसे किसी भी विनियमन से मुक्त है। अत: वो अपने मन मुताबिक़ विचार तथा समाचार चलाता है और उसके परिणाम से अलग हो जाता है। यह उसे निरन्तर निरंकुश बनाता जा रहा है जिसके कारण किसी संस्था या व्यक्ति विशेष को किसी भी घटना के लिए ज़िम्मेदार नहीं ठहराया जा सकता। मीडिया का सम्बन्ध केवल समाचार-पत्र या न्यूज़ चैनलों का नहीं है अपति यू-ट्यूब, टिक-टॉक, ट्विटर, फ़ेसबुक, रील्स, जिफ, यहाँ तक कि मीम्स भी मीडिया के दायरे में आते हैं और इस अविनियमन के शिकार हैं।

लोग एक उँगली के इशारे से एक क्षण में एक स्क्रॉल से एक न्यूज़ से दूसरे न्यूज़ पर पहुँच जाते हैं। सोशल मीडिया पर न्यूज़ ऐसे तैर रही है कि लोग तुरन्त दूसरे साधन की तरफ़ बढ़ जाते हैं जैसे कि हम फ़ेसबुक पर उन्हें मित्रता सूची से बाहर कर देते हैं जिनके 'विचार' हमसे नहीं मिलते हैं। सबसे बड़ी विडम्बना यह है कि उसे न्यूज़ कहते हैं जिसका हमें पता भी नहीं जो शायद कोई छल योजना है जिससे कोई और ही कार्य साधा जा रहा है। इंटरनेट ने हमारी भावनाओं को इतना अस्थिर और निष्ठाहीन कर दिया है कि हम क्षण भर भी किसी भावना में नहीं बँध पाते हैं। उदाहरणत: फ़ेसबुक के पेज पर हम किसी के पोस्ट पर हर्षोल्लास जता

रहे होते हैं, उसी क्षण दूसरे के पोस्ट पर दुख व्यक्त कर रहे होते हैं। मीडिया ने हमें मुखौटे चढ़ाकर जीने पर विवश कर दिया है। विचारणीय है कि हम मीडिया के प्रभाव में आकर कितने बड़े ढोंगी और पाखण्डी होते जा रहे हैं और जाने-अनजाने में पोस्ट-ट्रुथ का ग्रास बनते जा रहे हैं। इंटरनेट एक तरह का प्रतिध्वनि कोष्ठ बन गया है। जहाँ हमारे ही विचार टकराकर हम तक वापस आ रहे हैं और हमें ऐसे प्रतिध्वनि कोष्ठ में रहने की आदत-सी लग गयी है। कोई नयी आवाज़ या नया स्वर हमसे बर्दाश्त नहीं होता है। हम जाने-अनजाने मंच के उस स्वर को दबा देने वाले समुदाय का हिस्सा बन जाते हैं। और यह समाज अपने ही आप को निगलते हुए किसी अजगर की तरह अभिशप्त होता जा रहा है।

पोस्ट-ट्रुथ प्रोपेगंडा और फ़ेक न्यूज़

सार्वभौमिक छल-कपट के दौर में सत्य बोलना एक क्रान्ति है।[1]

—जॉर्ज ऑरवेल

वे दिन गये जब मीडिया रिपोर्ट करता था, अब उन्हें रिपोर्ट किया जाता है।... आज कहानी सुनाई नहीं जाती, यह बेची जाती है।[2]

—अमित अब्राहम

यदि समाज पुरातन को छोड़कर नवीन की ओर अग्रसर न हुआ तो वह सड़ता जायेगा, उसी तरह जिस तरह नदी निरन्तर प्रवाह में होने पर साफ़ रहती है किन्तु पानी के बँध जाने पर सड़ जाती है। इसी तरह एक प्रतिध्वनि कोष्ठ में फँसा समाज ध्रुवीकरण और अतिवादिता का शिकार हो जाता है और एक ऐसा दलदल बन जाता है जिसमें कुछ भी नया नहीं उपज सकता। आशय यह है कि समाज में हाशिये की विचारधाराओं और समुदायों के लिए भी पर्याप्त स्थान होना चाहिए ताकि वह एक समीचीन प्रगति की ओर बढ़ सके। यह प्रतिध्वनि कोष्ठ ऑनलाइन माध्यमों का सहारा पाकर और भी प्रभावशाली हो जाता है। यह लोगों की सोच को एक संकुचित दायरे तक सीमित कर देता है। फ़ेक न्यूज़ इस प्रतिध्वनि कोष्ठ को और भी मज़बूत बनाता है।

जैसा कि हम पहले भी उल्लेख कर चुके हैं कि लोगों का यह मत है कि यह फ़ेक न्यूज़ एक नयी प्रक्रिया है जिसका जन्म प्रचलन 2016 के अमेरिकी राष्ट्रपति

---

1. "In a time of universal deceit-telling the truth is a revolutionary act." **–George Orwell**
2. "Gone are the days when media reported now they are reported."..."Today a story is not told it's sold." **–Amit Abraham**

के चुनाव के समय हुआ। ये विचारणीय है कि क्या फ़ेक न्यूज़, सोशल मीडिया से सीधा सम्बद्ध है? अगर इस बात की समीक्षा की जाये तो फ़ेक न्यूज़ का उद्भव मूल के साथ ही हो गया। जैकब शॉल का मानना है कि फ़ेक न्यूज़ उसी समय तेज़ी से फैलने लगा जब जोहांस गुटनबग ने 1939 में प्रिंटिंग प्रेस का आविष्कार किया।

उस युग में भी तथ्यों को सत्यापित करना मुश्किल था, उस समय भी सूचनाओं का भण्डार था। राजनीतिक तथा धार्मिक नियोगों की अपनी सूचनाएँ थीं, व्यापारी, नाविकों, यात्रियों और पथिकों की अपनी सूचना होती थी। लोक में भी कथाओं के माध्यम से कई सूचनाएँ व्याप्त होती थीं। फिर उस समय भी यह कह पाना कि इन सबमें नैतिकता या वस्तुनिष्ठता विद्यमान थी, बहुत कठिन है। सत्यान्वेषियों को तथ्यों को तलाशने में काफ़ी ध्यान देना पड़ता था और काफ़ी सावधानी बरतनी पड़ती थी। अत: यह कहना उचित होगा कि फ़ेक न्यूज़ का इतिहास सदियों पुराना है, जो वैज्ञानिक क्रान्ति के समय भी मौजूद था और प्रबोधन काल के समय भी। ली मैकइंटायर का मानना है कि फ्रांसीसी क्रान्ति के पहले बहुत सारे पैम्फ़लेट बाँटे गये और सरकार के दिवालियेपन पर विरोधी गुटों ने अलग-अलग अंकों का प्रयोग किया तथा अलग-अलग लोगों को उत्तरदायी बताने लगे। किन्तु बाद में प्राप्त सूचनाओं के आधार पर तथ्यों की पुष्टि हुई। अमेरिकन क्रान्ति के दौर में ब्रिटिश और अमेरिकियों दोनों ने मनगढ़न्त कहानियों तथा सूचनाओं का सहारा लिया। आज के दौर में भी पाठक को इतना सशंक और निपुण होना चाहिए कि वह सूचनाओं का स्रोत पता कर उन्हें सत्यापित कर सके।

फ़ेक न्यूज़ का साम्राज्य अमेरिका में लगातार फैलता रहा पर एक समय के बाद लोगों में वस्तुनिष्ठता दिखायी देने लगी। माइकल सडसन अपनी किताब 'डिस्कवरिंग द न्यूज़' में लिखते हैं कि 1830 से पहले वस्तुनिष्ठता कोई मुद्दा ही नहीं था। अमेरिकन न्यूज़पेपर से यही अपेक्षित ही था कि वो पक्षपाती दृष्टिकोण ही प्रस्तुत करें, निष्पक्षता की उनसे कोई उम्मीद ही नहीं थी। यहाँ तक कि जिस तरह से न्यूज़ का स्वरूप हम आज समझते हैं, वैसी उनसे कोई अपेक्षा ही नहीं थी। न्यूज़ के वर्तमान स्वरूप की परिकल्पना ही जक्सोनियन युग (सेकंड पार्टी सिस्टम) से शुरू हुई। वह अपनी किताब में लिखते हैं कि जक्सोनियन युग में न्यूज़ के सन्दर्भ में पक्षपातहीनता का विचार आया। तथ्यात्मक समाचार का सम्बन्ध पहली अमेरिकी वायर सेवा (The associated press) से है। टेलीग्राफ़ का आविष्कार 1840 के आसपास हुआ था। समाचार के त्वरित प्रसारण के लिए न्यू यॉर्क के समाचार-पत्रों ने द एसोशिएटेड प्रेस का 1948 में गठन किया। इस संस्था ने समाचार जुटाने

शुरू किये जिन्हें अलग-अलग समाचार-पत्रों में छापा जा सके। यह तभी सम्भव था जब दृष्टिकोण वस्तुनिष्ठ हो, तभी यह सारे समाचार-पत्रों द्वारा स्वीकार्य होता। कहा जाता है कि द एसोशिएटेड प्रेस की इस शैली ने पत्रकारिता का आदर्श मानक स्थापित किया। इसका अर्थ यह नहीं था कि फ़ेक न्यूज़ लुप्त हो गया था, या समाचार-पत्र वस्तुनिष्ठ हो गये थे। एसोशिएटेड प्रेस का काम समाचार-पत्रों को कच्चा माल पहुँचाना था जिससे वो अपक्षपाती हो सकें। उस कच्ची सामग्री से वो अपने मन-मुताबिक़ चीज़ें निकाल लेते थे, और उस समाचार को अपने हिसाब का स्वरूप देकर लोगों तक पहुँचाते थे। वस्तुनिष्ठ पत्रकारिता कभी उनका मुख्य ध्येय नहीं था और न ही वो कभी पत्रकारिता की मुख्यधारा में शामिल हो पाया।

19वीं सदी में एसोशिएटेड प्रेस प्रगति कर रहा था, लेकिन उनका ध्येय लोगों को एक अच्छी दिलचस्प मसालेदार कहानी सुनाना था, उनके सामने तथ्यों को रखना नहीं। समाचार-पत्रों के विषयवस्तु में अलग-अलग तरीक़े से मसालेदार न्यूज़ बनाकर उन्हें लोगों के सामने पेश करना ही उनका एजेंडा रहा। ली मैकइंटायर का मानना है कि यही वो दिन जब 'येलो जर्नलिज़्म' ने बहुत तेज़ प्रगति की। मीडिया अधिपति जैसे विलियम रैंडोल्फ़ हर्स्ट और जोसेफ़ पुलित्ज़र में ये खींचतान लगी रहती थी कि कौन सबसे ज़्यादा न्यूज़पेपर प्रसारित कर लेगा। ये बताना कठिन है कि 'येलो जर्नलिज़्म' शब्द कहाँ से और कैसे आया। बस ये देखा जा सकता है कि 1890 के आसपास यह प्रचलन में था। किन्तु इससे पहले भी इस श्रेणी की पत्रकारिता मौजूद थी, एक ऐयाश, अश्लील और मनगढ़न्त कहानी आधारित पत्रकारिता जिसका काम पाठकों के सामने मसाला परोसकर उसे आकर्षित करना है। और यही नहीं, जीसेफ इ. विसन का यहाँ तक मानना है कि यही स्पेनिश-अमेरिकी युद्ध के लिए ज़िम्मेदार है। इसे एक लापरवाही का नतीजा मानना भूल होगी, ये एक सोची-समझी साज़िश थी जिससे वितरण को बढ़ावा मिल सके। द लॉन्ग ऐंड ब्रूटल हिस्ट्री में सॉल लिखते हैं कि विलियम रैंडोल्फ़ हेर्स्ट द्वारा अपने मॉर्निंग जर्नल में की गयी अतिरंजना ने स्पेनिश अमेरिकी युद्ध में आग में घी डालने का काम किया। जब हर्स्ट के संवाददाता ने हवाना में उनसे ये कहा कि युद्ध नहीं होगा तब उन्होंने यह कहा, जो आज भी चर्चा का केन्द्र है—"You furnish the pictures, I will furnish the war." (तुम चित्रों की रचना करो, युद्ध की रचना मैं कर लूँगा)। हर्स्ट ने एक नक़ली चित्र बनाकर प्रसारित किया जिसमें क्यूबाई अधिकारी अमेरिकी औरतों की नग्न जाँच कर रहे हैं और परिणाम यह हुआ कि जिस स्थिति की उसे आकांक्षा थी, वह स्थिति उसे प्राप्त हो गयी। और तो और यह स्थिति इतनी भयावह थी

कि 1898 में 'यू.एस. नौसेना पोत 'यू.ए.ए.एस. मैने' (UAAS, maine) की हवाना, क्यूबा में रहस्यमयी विस्फोट से 250 अमेरिकी नागरिकों की मौत हो गयी। दुखद यह है कि इस रहस्यमयी विस्फोट की वजह आज तक साफ़ नहीं हो पाई। येलो जर्नलिज़्म ने इस मौक़े का फ़ायदा उठाते हुए इससे निष्कर्ष निकालते हुए इस घटना को स्पेन के मत्थे मढ़ दिया। एक नारा गढ़ा गया 'Remember the Maine' (मैने को याद रखो), और इसके सहारे जनता की मानसिकता से खिलवाड़ करते हुए युद्ध की स्थिति गढ़ी गयी। जनता की भावनाओं को एक विशेष तरह से ढालते हुए उन्हें युद्ध की ओर मोड़ा गया। इसी तरह के कई उदाहरण यत्र-तत्र मिल जायेंगे जहाँ हिंसा की आग भड़काने में मीडिया का बहुत बड़ा हाथ है।

इतिहास के पन्ने उलटते हुए हम पायेंगे कि धन और सत्ता के शीर्ष पर विराजमान वर्ग की इच्छा सदैव यही रही है कि अपने से निम्न वर्ग के विचारों और इच्छाओं पर उनका पूर्ण नियन्त्रण हो, वो उनकी इच्छानुसार ही सोचें और उनकी इच्छानुसार ही चाहें। इसीलिए किसी भी क्षेत्र में निम्न वर्ग की हुई किसी अप्रत्याशित प्रगति को मैं एक इत्तेफ़ाक़ ही मानता हूँ, क्योंकि उच्च वर्ग ही इस संरचना का नियामक है और उसकी सोच आज भी वहीं अटकी है। प्रगति की चाभी सदा इसी वर्ग के हाथ में रही है और वह अपने अनुसार अपने हित में इसका प्रयोग करते रहे हैं। येलो जर्नलिज़्म भी इसी का एक अंग है। वस्तुनिष्ठता का जो विचार पत्रकारिता में शामिल हुआ था, वह आज भी विमर्श का विषय है, पर अब तक भी पत्रकारिता में पूर्णत: वस्तुनिष्ठता आ नहीं पायी है। हम ऐसे समय में रहते हैं कि हम समाचार के चुनाव में वस्तुनिष्ठता को कोई महत्त्व नहीं देते, पर चाहते हैं कि न्यूज़ में वह रहे। सौल लिखते हैं कि वेब जनित न्यूज़ ने हमारी पत्रकारिता की अवधारणा को चुनौती दी और फ़ेक न्यूज़ का साम्राज्य वापिस स्थापित हो गया।

यह भी विचारणीय है कि हमें किसी भी समाचार-स्रोत से वस्तुनिष्ठता की उम्मीद क्यों करनी चाहिए। इसमें कोई आश्चर्य नहीं होना चाहिए कि बादशाह या सत्ता और प्रभुत्व का स्वामी अपना यथार्थ गढ़ता है। इतिहास लेखन में भी यह विवाद सदा से रहा है कि राजा अपने अनुसार इतिहास गढ़ा करते थे, इस पर किसी विस्तृत चर्चा की आवश्यकता नहीं है। इसलिए स्वतन्त्र मीडिया का अस्तित्व सोच लेना ही कठिन है, यह अपने आप में एक क्रान्तिकारी विचार है। हमें इस बात पर आश्चर्य नहीं करना चाहिए कि मीडिया में वस्तुनिष्ठता नहीं है, बल्कि इस बात पर आश्चर्य करना चाहिए कि स्वतन्त्र मीडिया भी हो सकता है। मेरे विचार से स्वतन्त्र मीडिया एक 'न्यू नार्मल' की अवधारणा होगी, क्योंकि फ़ेक न्यूज़ तो सामान्यत:

मौजूद रहा है या न्यूज़ सदा प्रभुत्व का ग़ुलाम रहा है। तो अगर फ़ेक न्यूज़ सामान्य बात थी तो यह स्वतन्त्र मीडिया की क्रान्तिकारी अवधारणा का उदय कहाँ से हुआ क्योंकि पैम्फ़लेट तो हमेशा ही राजनीतिक तथा एकपक्षीय रहे। समाचार-पत्रों के मालिक हमेशा से व्यवसायी ही थे और अपने व्यवसाय के मुनाफ़े के अनुसार समाचार छपवाया करते थे। तो क्या इनमें कोई परिवर्तन आ गया है? यह पक्षपाती दृष्टि तो सदैव शाश्वत रही है, फिर भी हम वस्तुनिष्ठता की उम्मीद लगाते हैं और निराश होते हैं। मज़े की बात यह है कि हम उसमें अपनी भूमिका को पूर्णतः नज़रअन्दाज़ कर देते हैं। हम यह नहीं सोचते कि इसके लिए हम क्या करते हैं? हम इस बात पर इतना ध्यान ही नहीं देते कि अगर हमें वस्तुनिष्ठ समाचार नहीं मिल रहे तो इससे हमारा क्या नुक़सान हो रहा है। मैं शायद ही देखता हूँ कि इस मसले को लोग समस्या भी मानते हैं। मैं इस बात से पूर्णतः सहमत हूँ कि आदमी के लिए रोटी कपड़ा मकान ही प्राथमिक समस्या है, इससे फ़ुर्सत मिलेगी तभी वह बाक़ी मसलों पर सोचेगा, लेकिन डिजिटल मीडिया के लगातार हस्तक्षेप से हमारी रोज़मर्रा की ज़िन्दगी इतनी प्रभावित हो रही है कि यह मसला भी अब एक प्राथमिक मुद्दा है। लोगों के लिए टेक्नोलॉजी पर इलज़ाम लगा देना बहुत आसान है। इससे वो अपने दायित्व से छुट्टी पा लेते हैं। कितनी सहजता से हम ये कह देते हैं कि ये तो टेक्नोलॉजी कर रही है, हम इसमें क्या कर सकते हैं? मैं ये नहीं कहना चाहता कि फ़ेक न्यूज़ को जन्म देने में टेक्नोलॉजी की कोई भूमिका नहीं है। लेकिन यह समझना भी आवश्यक है कि प्रिंटिंग प्रेस और टेलीग्राफ़ की भी अहम भूमिका है। इंटरनेट ने न्यूज़ को इतना सहज/आसान बना दिया है कि हम आलसी हो चुके हैं। इसने हमारी वैचारिक क्षमता को भी कमज़ोर कर दिया है। इन सभी बातों ने मिलकर पोस्ट-ट्रुथ के लिए एक बहुत उपजाऊ भूमि तैयार कर दी है।

अब प्रश्न यह उठता है कि फ़ेक न्यूज़ कहते किसे हैं? ली मैकइंटायर का मानना है कि फ़ेक न्यूज़ ग़लत या झूठी न्यूज़ को नहीं कहते, बल्कि फ़ेक न्यूज़ वह होती है जिसे ग़लत या झूठा बनाया जाता है। विषय की असत्यता किसी न्यूज़ को फ़ेक न्यूज़ नहीं बनाती, बल्कि पूर्णतः लोगों को दिग्भ्रमित करने के लिए रची गयी न्यूज़ फ़ेक न्यूज़ कहलाती है। अब ऐसे में यक्ष प्रश्न यह है कि जो लोग उसे फैला रहे हैं, वो अगर उसके सत्य होने का विश्वास करते हैं तो क्या ऐसे में उस न्यूज़ को फ़ेक न्यूज़ की श्रेणी में डाला जा सकता है? फ़ेक न्यूज़ वो होता है जो जान-बूझकर किसी परोक्ष उद्देश्य हेतु रचा जाता है। व्यापार के क्षेत्र में यह मुनाफ़ा कमाने के उद्देश्य से रचा जाता है, और राजनीति के क्षेत्र में मतदाताओं को भ्रमित

करने के उद्देश्य से। हमें उस न्यूज़ के स्रोत के उद्देश्य के बारे में हमेशा विचार कर लेना चाहिए। यह तो सर्वज्ञात है कि जलवायु परिवर्तन को नकार दिया गया है ताकि तेल कम्पनियों को नुक़सान न हो। धीरे-धीरे इसी इनकार ने एक राजनीतिक विचारधारा का रूप ले लिया और राजनीतिक पार्टियाँ इसका इस्तेमाल अपने फ़ायदे के लिए करने लगीं। अत: सम्भव है कि कोई भी फ़ेक न्यूज़ इसलिए रचा जाता है कि लोग उसके बारे में पढ़ें, उसे गूगल पर सर्च करें और वह सबका ध्यान अपनी तरफ़ खींच सके। लेकिन वह न्यूज़ कब एक विचारधारा का रूप ले लेती है, यह लोगों को पता भी नहीं चलता और फिर यह हमारे रोज़मर्रा के जीवन को प्रभावित करने लगता है। अत: आवश्यकता है कि इस पर प्राथमिक ज़रूरतों, रोटी, कपड़ा और मकान की तरह विचार किया जाये।

फ़ेक न्यूज़ लोगों को प्रतिक्रिया देने के लिए उत्तेजित करती है और मज़े की बात यह है कि लोगों को उस विषय में कोई जानकारी हो या न हो, लोग प्रतिक्रिया देते हैं। ऐसा प्रतीत होता है मानो वो इस प्रतिक्रिया के लिए भरे बैठे हों। मेरे मित्र डॉ. राहुल चतुर्वेदी का मानना है कि लोग अब सुनने से ज़्यादा बोलने में विश्वास करते हैं। श्रोताओं की अपेक्षा वक्ताओं की संख्या बढ़ गयी है। कोई किसी को सुनना नहीं चाहता, सब बस ये चाहते हैं कि उन्हें सुन लिया जाये। डिजिटल मीडिया ने यह अवसर भी दे दिया है कि लोग फ़ेसबुक या ऑरकुट के माध्यम से लोग उन्हें सुनें। लेकिन यह जो बदलाव आया है, यह इस बात को सिद्ध करता है कि टेक्नोलॉजी ने हमारे सोचने और समझने के नज़रिये को बदल दिया है। इस त्वरित प्रतिक्रिया देने की आदत के परिणाम की परवाह और ज़िम्मेदारी दोनों से हमने स्वयं को मुक्त कर रखा है। परवाह इसलिए नहीं है कि यह हमारी विचारधारा का हिस्सा है और ज़िम्मेदारी से मुक्त इसलिए हैं क्योंकि हम लापरवाह और आदत से मज़बूर हैं। लोगों को अपनी राजनीतिक विचारधारा ज़्यादा पसन्द है, वह उसके प्रभाव के बारे में जानना-सुनना या सोचना-समझना पसन्द नहीं करते। इस विषय पर एक घटना याद आ रही है जिसका ज़िक्र यहाँ करना आवश्यक है। राष्ट्रपति चुनाव के एक महीने के अन्दर एक मानसिक विक्षिप्त व्यक्ति वाशिंगटन डीसी में अपनी राइफल जमा करने गया, उसने कहा कि वो एक केस की जाँच कर रहा है जिसके अनुसार बिल और हिलेरी क्लिंटन एक सेक्स रैकेट चला रहे थे। इसका परिणाम यह हुआ कि यह फ़ेक न्यूज़ चारों तरफ़ फैल गयी। क्रैग सिल्वरमैन का कहना है कि बज़फ़ीड की रिपोर्ट है कि 2016 के अमेरिकी राष्ट्रपति चुनाव के दौरान शीर्ष 20 सच्ची ख़बरों की

तुलना में शीर्ष 20 फ़ेक न्यूज़ पर ज़्यादा चर्चाएँ हुईं और उन्हें फ़ेसबुक पर ज़्यादा शेयर किया गया। अब आप सोच सकते हैं कि इसका क्या परिणाम हुआ होगा और ऐसा क्यों हुआ। राष्ट्रपति देश का सबसे शक्तिशाली व्यक्ति होता है, और उसमें भी अमेरिका जो अपने आप में एक विश्व शक्ति है, अगर वहाँ के चुनाव में ऐसा हो रहा है तो क्या यह हमारे लिए चिन्ता का विषय नहीं है? यहाँ बस मैं एक उदाहरण से ये बताने की कोशिश कर रहा हूँ कि फ़ेक न्यूज़ का क्या असर होता है। स्पेन-अमेरिकी युद्ध अगर फ़ेक न्यूज़ से उत्तेजित हुआ तो ये विचार करना चाहिए कि ये सिर्फ़ फ़ेक न्यूज़ का एक उदाहरण है या फ़ेक न्यूज़ का प्रभाव है या फ़ेक न्यूज़ के अन्दर इतनी क्षमता है कि अगर हम ऐसे बिना सोचे-समझे प्रतिक्रिया देते रहे तो वो ऐसे युद्ध आसानी से करवा सकती है। अब तो सभी देशों के पास परमाणु बम हैं, तो परमाणु युद्ध की सम्भावना से भी इनकार नहीं किया जा सकता। बिल और हिलेरी क्लिंटन की बाल सेक्स रैकेट वाली ख़बरों के कुछ दिन बाद ही पाकिस्तानी रक्षा मन्त्री ने इज़राइल के ख़िलाफ़ परमाणु प्रतिशोध की धमकी दी थी क्योंकि किसी फ़ेक न्यूज़ के अनुसार इज़राइली रक्षा मंत्री ने धमकी दी कि अगर पाकिस्तान अपनी सेना सीरिया भेजेगा तो हम एक परमाणु आक्रमण से पूरे देश को ख़त्म कर देंगे। फ़ेक न्यूज़ की सीमा सिर्फ़ अमेरिका, इज़राइल, पाकिस्तान तक तो है नहीं, यह तो पूरे विश्व में अपना अधिकार जमाये बैठी हुई है। अगर इस बात में आपका यक़ीन न हो तो दूर नहीं, अपने आसपास के लोगों के व्हाट्सएप, फ़ेसबुक के पोस्ट, स्टेटस और शेयर्स पर नज़र दौड़ाइए और उसकी समीक्षा कीजिए, आपको विश्वास हो जायेगा।

हमें याद रखना चाहिए कि फ़ेक न्यूज़ वो न्यूज़ नहीं है जो शर्मिन्दा करने वाली हो, या असहज हो। न्यूज़ के विषय को जान-बूझकर झूठा बनाया जाता है, उसे तोड़ा-मरोड़ा जाता है। इसके पीछे कोई साज़िश या कोई राजनीतिक विचारधारा होती है। फ़ेक न्यूज़ साभिप्राय मिथ्यात्मक होती है। इसे इस तरह समझ सकते हैं कि किसी ने झूठ बोला ताकि सामने वाला उस झूठ को सच मान ले और उस पर विश्वास कर उसी के अनुसार कार्य करने लगे, पर झूठ बोलने वाला जानता है कि उसने झूठ बोला है और तब भी वो इस विश्वास का फ़ायदा उठा रहा है। इसलिए फ़ेक न्यूज़ को एक प्रोपेगंडा, एक सोची-समझी साज़िश कहना एकदम ठीक होगा। क्योंकि प्रोपेगंडा का काम भी ऐसी ही सूचनाओं और विचारों को बढ़ा-चढ़ाकर अपने फ़ायदे के लिए इस्तेमाल करना ही होता है। इसीलिए फ़ेक न्यूज़ का दूसरा नाम प्रोपेगंडा भी है।

जेसन स्टेनली अपनी किताब 'हाउ प्रोपेगंडा वर्क्स' में लिखते हैं कि प्रोपेगंडा को पक्षपातपूर्ण या दिग्भ्रमित संचार नहीं समझ लेना चाहिए। आवश्यक नहीं है कि हर प्रोपेगंडा किसी असत्य को सिद्ध करने की कोशिश में हो, या सारी प्रोपेगंडा से जुड़ी बातें या दावे निष्ठारहित तरीक़े से किये जाते हैं। जेसन स्टेनली का मानना है कि प्रोपेगंडा किसी त्रुटिपूर्ण विचारधारा को मज़बूत बनाता है। इसका उद्देश्य सिर्फ़ धोखा या झाँसा देना नहीं होता, अपितु राज करना होता है। अतः फ़ेक न्यूज़ और प्रोपेगंडा का सम्बन्ध काफ़ी जटिल है। 'हाउ प्रोपेगंडा वर्क्स इन द ऐज़ ऑफ़ फ़ेक न्यूज़' में स्टेनली कहते हैं कि प्रोपेगंडा राजनिष्ठा/निष्ठा को बढ़ावा देता है। ये हमें सूचनाएँ या जानकारी प्रदान नहीं करता बल्कि किसी व्यक्ति या पार्टी को चुनने के लिए मजबूर करता है। प्रोपेगंडा तो हमें इस हद तक ले जाता है कि हम अधिनायकवादी राजनीति में विश्वास करने लगते हैं। प्रोपेगंडा का उद्देश्य किसी को विश्वास में लेना नहीं है बल्कि वह ये दर्शाता है कि सत्य पर उसका एकाधिकार है। जब कोई नेता बहुत प्रभावशाली हो जाता है तो उसके लिए सत्य को दरकिनार करना आसान हो जाता है।

कुछ विचार तो इतने डरावने होते हैं कि कोई उनके सच होने की कल्पना भी नहीं कर सकता। लेकिन इस तरह के सत्यों को इनकार करने से ही अधिनायकवादी राजनीति सर्वप्रिय और सर्वस्वीकृत हो जाती है। झूठ बोलना और उससे पल्ला झाड़ लेना राजनीतिक नियन्त्रण का पहला क़दम होता है। हैना अरडेंट भी लिखते हैं कि जनता को न तो वास्तविक तथ्य यक़ीन दिलाते हैं न रचित तथ्य। ये जो प्रत्यक्ष/खुली अवज्ञा होती है, यही उनको विश्वास दिलाती है। अरडेंट लिखते हैं कि सर्वसत्तावादी शासन की आदर्श प्रजा जिन्होंने वो विचारधारा स्वीकृत कर ली है, वे लोग या विश्वस्त साम्यवादी नहीं हैं बल्कि वे लोग हैं जो तथ्य और कथ्य में अन्तर नहीं कर पाते। मुद्दे की बात यह है कि सूचनाओं का नियन्त्रण राजनीतिक नियन्त्रण की ओर इशारा करता है। हिटलर का मन्त्री जोसफ गिब्बल्स प्रोपेगंडा को जन्म देने में सिद्धहस्त था। उनका कहना था कि प्रोपेगंडा सबसे प्रभावी तब होता है जब जिसको मैनिपुलेट किया जा रहा हो, उसे ये महसूस हो कि वह अपनी मर्ज़ी से ये कार्य कर रहा है। कपट, मैनिपुलेशन और शोषण, यही वे उपकरण/अस्त्र हैं जिनसे अधिनायकवादी राजनीतिक नियन्त्रण कर पाते हैं। जब सत्य पहले ही दफ़्न किया जा चुका हो तो सेंसरशिप का कोई अर्थ नहीं रह जाता। पोस्ट-ट्रुथ का पूरा मुद्दा इसी के आसपास घूमता है।

पोस्ट-ट्रुथ ये भी सिद्ध करने का प्रयास करता है कि सत्य/तथ्य से ज़्यादा भावना महत्त्वपूर्ण है। मशहूर होलोकॉस्ट इतिहासविद् टिमोथी सिंदर ने एक काफ़ी विचारोत्तेजक पुस्तक 'ऑन टाइरेनि' लिखी है। उन्होंने एक चेतावनी दी है कि हम जिस रास्ते पर चल पड़े हैं, उसमें हमें काफ़ी सावधानी बरतने की आवश्यकता है। अगर हम फ़ेक न्यूज़ और वैकल्पिक तथ्य का फ़र्क़ नहीं सीखेंगे तो अधिनायकवादी राजनीति की तरफ़ बढ़ जायेंगे। अगर हम इस बात को सही न भी मानें तो क्या यह हमें यह विचार करने पर मज़बूर नहीं करता कि क्या अधिनायकवादी राजनीति की सम्भावना है? अगर हमें इसकी सम्भावना थोड़ी-सी भी नज़र आ रही है, तो क्या हमें इससे सावधान होने या इस पर चर्चा करने के लिए इस बात का इन्तज़ार करना चाहिए कि यह सम्भावना और प्रबल हो जाये या सत्य में बदल जाये?

लेकिन ये प्रश्न अभी भी वाजिब है कि क्या फ़ेक न्यूज़ सिर्फ़ प्रोपेगंडा है? अगर फ़ेक न्यूज़ का उद्देश्य सिर्फ़ धनार्जन है तो हम उसे फ्रॉड की श्रेणी में डाल देते हैं। अगर किसी फ़ेक न्यूज़ का उद्देश्य मात्र हमें दिग्भ्रमित करना और झूठ पर भरोसा दिलाना है तो हम इसे भी प्रोपेगंडा नहीं कह सकते। जैसा कि स्टैनली तर्क दे चुके हैं कि प्रोपेगंडा का उद्देश्य मूर्ख बनाना नहीं अपितु प्रभुत्व स्थापित करना है। फ़ेक न्यूज़ हमें भ्रमित करता है और हममें यह संशय पैदा करता है कि क्या किसी स्रोत पर सन्देह किया जाये। और एक बार हमें इस विश्वास पर सन्देह पैदा हो जाये तो राजनेता आसानी से इसका फ़ायदा उठा सकते हैं। सिर्फ़ धोखा ही प्रोपेगंडा का एकमात्र अस्त्र नहीं है। जो सच में अधिनायकवादी होते हैं, उन्हें हमारी सम्मति से कोई फ़र्क़ नहीं पड़ता। अगर हम ये मानें कि पोस्ट-ट्रुथ सच में पूर्व फ़ासिज़्म है, तो फ़ेक न्यूज़ अधिनायकवादी राजनीति की एक प्रारम्भिक युक्ति है। अत: हमें इसके परिणामों से सतर्क हो जाना चाहिए और स्वयं को आगे आने वाली परिस्थितियों के लिए तैयार कर देना चाहिए।

अब प्रश्न ये उठता है कि इस मुद्दे का किया क्या जाये। हमें इस बात का ध्यान रखना चाहिए कि जो हमें यह विश्वास दिलाना चाहते हैं कि सत्य नाम की कोई चीज़ नहीं होती, वो लोग हमसे छल कर रहे हैं। इस बात को ध्यान में रखते हुए हम इस जाल से निकलने का प्रयास कर सकते हैं। पहले हम प्रयास कर सकते हैं यह पहचानने का कि व्यवस्थित समस्या क्या है और कैसे इसका फ़ायदा उठाया जा रहा है। अब प्रश्न ये उठता है कि इस मुद्दे का किया क्या जाये। हमें इस बात का ध्यान रखना चाहिए कि जो हमें यह विश्वास दिलाना चाहते हैं कि सत्य नाम की कोई चीज़ नहीं होती, वो लोग हमसे छल कर रहे हैं। इस बात को ध्यान में रखते

हुए हम इस जाल से निकलने का प्रयास कर सकते हैं। पहले हम प्रयास कर सकते हैं यह पहचानने का कि व्यवस्थित समस्या क्या है और कैसे इसका फ़ायदा उठाया जा रहा है। एक रिपोर्ट के अनुसार यूएसए का 85% ऑनलाइन विज्ञापन राजस्व, गूगल और फ़ेसबुक के हिस्से में आता है। हम मात्र अनुमान लगा सकते हैं कि ये कितनी बड़ी धनराशि है। कुछ लोगों का मत है कि फ़ेसबुक और गूगल को ये ज़िम्मेदारी लेनी चाहिए कि वो फ़ेक न्यूज़ को फ़िल्टर करें। चुनाव के वक़्त फ़ेसबुक और गूगल ने ये घोषणा की फ़ेक न्यूज़ को पहचानने और उन्हें खण्डित करने के उपाय किये जायेंगे। चुनाव के तुरन्त बाद गूगल ने कहा कि वो वेबसाइट्स बैन कर दी जायेंगी जो गूगल की ऑनलाइन विज्ञापन सेवाओं का प्रयोग करके फ़ेक न्यूज़ फैला रही हैं। लेकिन वास्तविक समस्या ये है कि ये कैसे समझा जायेगा कि गूगल ने उन सभी वेबसाइटों की पहचान कर ली है जो फ़ेक न्यूज़ फैला रही हैं, और उनका क्या होगा जो पूर्व में ऐसा कर चुकी हैं। फ़ेसबुक ने भी यह घोषणा की कि वो अब से ऐसे वेबसाइट्स को अनुमति नहीं देंगे जो भ्रमित करने वाले विषयों या ग़ैर क़ानूनी विचारों को बढ़ावा देते हैं। लेकिन लोगों का मानना है कि ये बहुत कठिन है कि फ़ेक न्यूज़ साइट्स से किये हुए प्रायोजित पोस्ट्स को पहचाना जा सके। कई फ़ेक न्यूज़ लोगों को फ़ेसबुक पर अपनी मित्रसूची से मिलते हैं और अभी यह स्पष्ट नहीं है कि फ़ेसबुक ऐसी समस्याओं का क्या कर सकता है। कुछ लोगों का कहना है कि दिग्गज टेक कम्पनियों को फ़ेक न्यूज़ को पहचानने का तरीक़ा निकालना चाहिए, ऐसा चेतावनियों के आधार पर या श्रेणी के आधार पर भी कर सकते हैं। जैसा गूगल ने बाल पोर्न बैन लगाया और फ़ेसबुक ने नग्नता और आतंकवादियों सर कलम करने के वीडियोज पर बैन लगाया है। लेकिन इस तरह के फ़ेक न्यूज़ को फ़िल्टर करने के तरीक़ों पर ये आरोप लगाया जा सकता है कि वो पक्षपात के शिकार हैं।

फ़ेक न्यूज़ हमें भ्रमित करता है और हमारे अन्दर सन्देह पैदा कर देता है कि किसी भी स्रोत पर विश्वास किया जा सकता है या नहीं। और एक बार यह सन्देह पैदा हो जाये तो नेता इसका भरपूर फ़ायदा उठाते हैं। जो सच में अधिनायकवादी होते हैं, उन्हें हमारी स्वीकृति से कोई फ़र्क़ नहीं पड़ता। अगर हम यह मानें कि पोस्ट-ट्रुथ वास्तव में पूर्व फासीवाद है, तो फ़ेक न्यूज़ को पूर्व अधिनायकवाद समझ सकते हैं। अधिनायकवाद एक राजनीतिक प्रणाली है जिसमें राजनीतिक बहुलता की अस्वीकृति, तत्कालीन राजनीतिक स्थिति को बनाये रखने के लिए केन्द्रीय शक्ति का प्रयोग, और शासन में क़ानून की हिस्सेदारी, शक्तियों का विकेन्द्रीकरण और लोकतान्त्रिक मतदान में कटौती कर दी जाती है। वहीं फासीवाद एक अति

दक्षिणपन्थी, अधिनायकवादी, अति राष्ट्रवादी राजनीतिक विचारधारा है, जिसकी पहचान है—एक तानाशाही नेता, केन्द्रीकृत शासन, सैन्यवाद, विपक्ष का दमन, एक प्राकृतिक सामाजिक अनुक्रम में विश्वास, राष्ट्र और जाति की कथित भलाई के लिए व्यक्तिगत हितों और समाज और अर्थव्यवस्था पर सशक्त नियन्त्रण। जिस प्रकार अधिनायकवाद फासीवाद की ओर पहला क़दम है, उसी प्रकार फ़ेक न्यूज़ पोस्ट-ट्रुथ की पहली सीढ़ी है। और ज़रूरी नहीं कि एक अधिनायकवादी शासन फासीवादी हो, परन्तु फासीवादी शासन अधिनायकवादी अवश्य होता है, उसी तरह आवश्यक नहीं कि फ़ेक न्यूज़ में पोस्ट-ट्रुथ के तत्त्व हों पर पोस्ट-ट्रुथ परिवेश में फ़ेक न्यूज़ होता ही होता है।

हमें समाज में उभर रहे लक्षणों के प्रति जागरूक रहना चाहिए, क्योंकि यह हमारी नैतिक ज़िम्मेदारी है कि हम समाज की प्रगति के लिए जागरूक रहें और ध्यान रखें कि हम आने वाली पीढ़ियों के लिए क्या नींव गढ़ रहे हैं। इसलिए हमें ध्यान देना चाहिए कि समाज में अगर फ़ेक-न्यूज़ अपने पाँव जमा रही है, तो कहीं हम पोस्ट-ट्रुथ की तरफ़ तो नहीं बढ़ रहे हैं क्योंकि पोस्ट-ट्रुथ में वो क्षमता है कि वह फासीवाद को जन्म दे सकता है।

फिर हमारे सामने यह सवाल खड़ा हो जाता है कि क्या हमारे पास फ़ेक न्यूज़ को रोकने के बेहतर तरीक़े हैं? ब्रूक बिंकोव्स्की जो कि तथ्यों की पड़ताल करने वाली वेबसाइट स्नोप्स के प्रबन्ध सम्पादक हैं, उनका मानना है कि इसे रोकने का सबसे बेहतर तरीक़ा यह है कि फ़ेक न्यूज़ के जवाब में असली न्यूज़ की बाढ़ आ जाये। और इस तरह लोग न्यूज़ देखने की प्रक्रिया में सही न्यूज़ तक पहुँच पायेंगे। ये तरीक़ा काफ़ी विश्वसनीय है और यह शायद कारगर भी साबित हो सकता है। लेकिन अगर ऐसा न्यूज़ बाज़ार में कहीं भी व्याप्त होगा तो वे लोग जिन्हें मात्र अपने विश्वास को पुख़्ता करने के लिए न्यूज़ की ज़रूरत है, उनका वह विश्वास सत्य में बदल जायेगा। इसलिए शायद इसका यही समाधान है कि अनुसन्धानात्मक न्यूज़ संस्थाओं का समर्थन करें ताकि वे और साक्ष्य आधारित कवरेज करें।

लेकिन इस बात से भी इनकार नहीं किया जा सकता कि हमें अपनी समीक्षात्मक क्षमता पर यक़ीन रखना चाहिए और उन्हें इस्तेमाल करते रहना चाहिए। कॉलेज और विश्वविद्यालय के लोगों को भी समीक्षात्मक कार्यों में बने रहना चाहिए। डेनियल जे. लेविटिन की एक किताब है 'विपनाइज़्ड लाइज़ : हाउ टू थिंक क्रिटिकली इन द पोस्ट-ट्रुथ एरा'। ये किताब ज़रूर पढ़नी चाहिए। ये एक बेहतर विमर्श के लिए बेहतरीन तर्क, आँकड़े और तकनीक पेश करती है।

अब प्रश्न ये है कि डिजिटल कथ्यों का क्या किया जाये? वे बच्चे जो कोरोना काल में कॉलेज नहीं जा पाये, उनको वास्तविक अनुभव ज्ञान प्राप्त नहीं हो पाया। बच्चे जब तक घर या स्कूल में रहते हैं, वह बेहद ही रक्षित परिवेश में रहते हैं। उन्हें वास्तविक जीवन का अनुभव घर और स्कूल की चारदीवारी के बाहर ही आता है। उनमें सोचने-समझने, तर्कशक्ति, और सच-झूठ को परखने की क्षमता का विकास होता है। कोरोना काल में बच्चों की क्षमता का पूर्ण विकास नहीं हो पाया या यूँ कहें कि उन्हें इस विकास का अवसर नहीं मिला। साथ ही सब कुछ डिजिटलाईज़्ड होने के कारण उन पर इस फ़ेक न्यूज़ के परिवेश का काफ़ी ज़्यादा असर पड़ा। ली मैकइंटायर अपनी किताब में कैलिफ़ोर्निया के 5वीं कक्षा के शिक्षक स्कॉट बेडली की कहानी बताते हैं। वे अपनी कक्षा में फ़ेक न्यूज़ को पहचानने के तरीक़े बताते हैं। वे अपने बच्चो को बताते हैं कि फ़ेक न्यूज़ को प्रस्तुत इस तरह किया जाता है जैसे वही सटीक हो लेकिन फ़ेक न्यूज़ में विश्वसनीयता की कमी होती है। वे अपने बच्चों को एक खेल खेलाते हैं जिसमें उन्हें सच्ची ख़बरों और फ़ेक न्यूज़ को पहचानना था। उन्होंने बताया कि बच्चे इस खेल को बेहद पसन्द करते हैं। उन्होंने कुछ तरीक़े उन्हें सिखाये जो निम्नवत हैं :

1. कॉपीराइट ढूँढ़ने का प्रयास किया जाये।
2. विविध स्रोतों से सत्यापित करने का प्रयास किया जाये।
3. वह न्यूज़ कितनी अवधि से परिवेश में मौजूद है, यह जानने का प्रयास किया जाये।
4. प्रकाशन तिथि देखने का प्रयास किया जाये।
5. लेखक की विशेषज्ञता किस विषय में है, ये जानने का प्रयास किया जाये।
6. अपने आप से पूछो कि दिया गया ज्ञान तुम्हारे ज्ञान से कितना मिलता है।
7. ये अवश्य पूछना चाहिए कि क्या ये न्यूज़ यथार्थवादी है।

फ़ेक न्यूज़ की सबसे बड़ी दिक़्क़त यह है कि वह पोस्ट-ट्रुथ से घनिष्ठता से जुड़ी होती है। कई लोगों के लिए पोस्ट-ट्रुथ और फ़ेक न्यूज़ एक ही चीज़ है। पर ऐसा है नहीं, इसमें बड़ा बारीक अन्तर है। अगर परमाणु हथियार हैं तो विनाश की सम्भावना है, परन्तु यह कहना ग़लत है कि परमाणु हथियार है तो विनाश हो चुका है। यानी हमारे पास अगर कोई हथियार है तो इसका मतलब यह नहीं है कि हमें उसका इस्तेमाल करना नहीं आता, हम उसके इस्तेमाल में कोई सावधानी नहीं बरतेंगे। अगर टेक्नोलॉजी ने किसी चीज़ को जन्म दिया है तो यह हमारी ज़िम्मेदारी है कि हमें उसे इस्तेमाल करना आना चाहिए। ये हम पर निर्भर करता है कि हम इस चुनौती का

कैसे जवाब देना चाहते हैं। उसी तरह ज़रूरी नहीं है कि फ़ेक न्यूज़ है तो पोस्ट-ट्रुथ भी आ चुका है, पर हमें सतर्क रहना चाहिए कि फ़ेक न्यूज़ है तो पोस्ट-ट्रुथ सम्भव है। ये सच है कि पोस्ट-ट्रुथ को बढ़ावा देने में सोशल मीडिया का काफ़ी योगदान है परन्तु यह समझना ज़रूरी है कि सोशल मीडिया साधन मात्र है, परिणाम नहीं। विंस्टन चर्चिल ने एक बात कही थी कि "सत्य अपनी पतलून पहने, इससे पहले झूठ आधा संसार घूम चुका होता है।" अक्सर कुछ लोग नकारात्मक परिस्थितियों में भी सकारात्मक बने रहते हैं, वहीं कुछ लोग सकारात्मक परिस्थितियों में भी नकारात्मक बने रहते हैं। लेकिन यह हमारी आदत है कि हम अपने स्वभाव से ऊपर उठने का प्रयास नहीं करते। उसी तरह सोशल मीडिया या किसी भी इलेक्ट्रॉनिक गैजेट का इस्तेमाल अगर झूठ फैलाने के लिए किया जा सकता है तो सत्य फैलाने के लिए भी उसका इस्तेमाल किया जा सकता है। अगर हम चाहते हैं कि इससे मुक्त हों तो हमें इसके ख़िलाफ़ लड़ना चाहिए। और अगर हमारे साधन हमें उन हथियारों के ग़लत इस्तेमाल की ओर धकेल रहे हैं तो हमें ऐसे साधन वापस ले लेने चाहिए।

पोस्ट-ट्रुथ और उत्तर-आधुनिकतावाद

यदि आपका ज्ञान आपको चीज़ों का मूल्य नहीं सिखाता है, और आपको बन्धन से मुक्त नहीं करता है, तो आप सत्य के सिंहासन के निकट कभी नहीं आ पायेंगे।[1]

—ख़लील जिब्रान

कुछ लोगों का मानना है कि शिक्षा पोस्ट-ट्रुथ से लड़ने का साधन हो सकती है। शिक्षा का मुख्य ध्येय होता है हमारी समीक्षात्मक क्षमता विकसित करना और हमें हमारे संज्ञानात्मक पूर्वाग्रहों से लड़ने में सक्षम बनाना। इसीलिए ये और भी शर्म की बात है कि पोस्ट-ट्रुथ परिघटना की जड़ अकादमिक ही है। उत्तर-आधुनिकतावाद का सिद्धान्त एक सदी से हमारे आसपास घूम रहा है। इस सिद्धान्त को कला, स्थापत्य, संगीत, साहित्य, लगभग हर जगह लागू किया जा चुका है और इसलिए उसे परिभाषित करना इतना आसान नहीं है। माइकल लिंच जैसे दार्शनिक का मानना है कि उत्तर-आधुनिकतावाद को परिभाषित करना आसान नहीं है। वो लिखते हैं कि इसमें कोई आश्चर्य नहीं होना चाहिए कि उत्तर-आधुनिकतावाद शब्द इतना प्रसिद्ध इसलिए है कि यह शब्द ख़ुद में काफ़ी अस्पष्ट है। उत्तर-आधुनिकतावाद शब्द को सुनते ही हमारे दिमाग़ में ल्योतार्द की किताब 'द पोस्ट मॉडर्न कंडीशन : अ रिपोर्ट ऑन नॉलेज' का ज़िक्र आ जाता है। जब हम उत्तर-आधुनिकतावाद की बात करते हैं तो उत्तर-आधुनिक क्रान्ति की भी बात करनी पड़ती है जो 1980 के आसपास साहित्यिक समीक्षा से निकली। उत्तर-आधुनिकतावादी विचारधारा को विकसित करने में बहुत सारे विचारकों का योगदान है। मार्टिन हाइडेगर, मिशेल

1. "If your knowledge teaches you not the value of things, and frees you not from the bondage to matter, you shall never come near the throne of Truth." –**Khalil Gibran**

फ़ूको और ज़ाक देरिदा इनमें से कुछ प्रमुख नाम हैं। परन्तु इस सिद्धान्त को मात्र इन तीन विचारकों तक सीमित नहीं किया जा सकता। नीत्शे, अल्थूज़र और सैस्यूर जैसे लोगों का भी इसमें बहुत बड़ा हाथ है। देरिदा का विखण्डनवाद का सिद्धान्त काफ़ी प्रचलित है। विखण्डनवाद यह कहता है कि कोई भी विचार जिस आधार से नियन्त्रित होता है, उस पर प्रश्न उठाया जा सकता है। और अगर साहित्य का विखण्डन करना है तो ये समझना आवश्यक है कि हम मात्र लेखक के विचार पर विश्वास नहीं कर सकते कि वह अपनी रचना में क्या कहना चाह रहा है। हमें ये समझना चाहिए कि रचना में राजनीतिक, सांस्कृतिक और सामाजिक अर्थ भी होते हैं जिसे लेखक कभी सीमित नहीं कर सकता। ये उसकी सीमा के परे हैं और इसलिए लेखक के कथन पे विश्वास नहीं किया जा सकता। और इस विचार ने मानविकी विभाग को हिलाकर रख दिया। और ये समय 1980-1990 का था जब विखण्डनवाद के सिद्धान्त ने रफ़्तार पकड़ी और साहित्यिकों को ये नवीन विचार दिया कि वे सब कुछ पर प्रश्न उठा सकते हैं। फिर तो साहित्य की सभी महत्त्वपूर्ण रचनाओं पर सवाल उठने लगे। बहुत जल्द ही समाजशास्त्रियों ने भी इस विचार का समर्थन करना शुरू कर दिया कि इसे मात्र साहित्य पर ही नहीं बल्कि हर क्षेत्र में इस्तेमाल किया जा सकता है। उन्होंने हर क्षेत्र को रचना के रूप में ही लेना शुरू कर दिया। युद्ध, धर्म, लैंगिकता, आर्थिक सम्बन्ध, अन्तरराष्ट्रीय सम्बन्ध, या यूँ कहें कि जितने भी क्षेत्र मानव स्वभाव से जुड़े हैं, उनमें गम्भीर अर्थ छिपे हुए हैं, जिन्हें रचना के द्वारा समझा भी जा सकता है और नहीं भी। और फिर तो किसी भी रचना में क्या सही उत्तर है और क्या ग़लत, उस पर सवाल उठने लगे। सचमुच में 'सत्य' का सिद्धान्त ही सवालों के घेरे में आ गया। और हमें इस पक्ष को भी देखना चाहिए कि विखण्डनवाद के इस चरण तक पहुँचते-पहुँचते समीक्षकों ने इसमें अपने विचार, अपने मूल्य, अपनी मान्यताएँ और अपनी व्याख्याएँ भी लाना शुरू कर दिया। इसका अर्थ यह हुआ कि विखण्डनवाद ये कहता है कि किसी भी प्रश्न के कई उत्तर हो सकते हैं। इसलिए उत्तर-आधुनिक दृष्टिकोण में हर चीज़ पर प्रश्न उठाया जाता है, किसी भी चीज़ को उसके प्रकट मूल्य से नहीं आँकता। ये यह मानता है कि कोई सही जवाब है ही नहीं, जो कुछ है मात्र एक कथ्य है। विखण्डनवाद के सिद्धान्त के पीछे देरिदा का उद्देश्य था नायकत्व या पदानुक्रम को ख़त्म करना पर पोस्ट-ट्रुथ ने इसी का इस्तेमाल कर एक अराजक स्थिति पैदा कर दी।

फ्रेडरिक नीत्शे, जिन्होंने 100 साल पहले विखण्डनवाद की आधारशिला रखी थी, उनका भी मानना है कि कोई भी पूर्ण, वस्तुनिष्ठ सत्य नहीं होता, ये सिर्फ़ एक

दार्शनिक छल है, यह सिर्फ़ इस पर निर्भर करता है कि हम इसे किस दृष्टिकोण से देख रहे हैं। दुनिया को जानने-समझने के लिए हमारे पास सिर्फ़ दृष्टिकोण है, वस्तुनिष्ठता से दुनिया को नहीं समझा जा सकता। अब समस्या यह है कि हम उत्तर-आधुनिकतावाद के इस सिद्धान्त को मानें जो ये कहता है कि वस्तुनिष्ठ सत्य जैसा कुछ नहीं होता, तब हमें कोई यह कहे कि सत्य होता है तो हमारी प्रतिक्रिया क्या होगी?

अब हम उत्तर-आधुनिकतावाद की दूसरी अवधारणा पर आते हैं कि सत्य कुछ और नहीं बल्कि हर व्यक्ति का सत्य उसके राजनीतिक विचारों का आईना होता है। मिशेल फूको का विचार है कि हमारा सामाजिक जीवन हमारी भाषा से परिभाषित होता है और भाषा ख़ुद ही सत्ता और प्रभुत्व के खेल का प्रदर्शन है। जिसका मतलब ये है कि जो भी ज्ञान है, वो मात्र सत्ता के प्रभुत्व को दर्शाता है। ये बस उच्च वर्ग के द्वारा निम्न वर्ग के लोगों पर अपने विचारों को स्वीकार करने के लिए जमायी गयी धौंस है। सच के नाम पर लोग हमें शिक्षित करने के बजाय हम पर अपनी धारणाएँ थोपते हैं। प्रभावशाली होने का अर्थ ही है सत्य को नियन्त्रित रखना न कि सत्य हमारे पास है इसलिए हम प्रभावशाली हैं। अर्थात् हमारे पास सत्ता है, प्रभुत्व है तो हम सत्य को अपने क़ाबू में रख सकते हैं। इसलिए कई दृष्टिकोणों में से हम अगर एक दृष्टिकोण को चुनते हैं तो वो फासीवाद का ही एक रूप है।

अब ये एक अलग विषय है कि उत्तर-आधुनिकतावाद के दृष्टिकोण को बहुत बार ग़लत समझ लिया जाता है और कई बार लोगों ने इसे अपने फ़ायदे के लिए इस्तेमाल भी किया है। इसमें कोई सन्देह नहीं है कि किसी की भी वस्तुनिष्ठता पर प्रश्न उठाया जा सकता है और अगर देखें तो दर्शन के इतिहास में पूरी बहस ही इस पर केन्द्रित है कि किसको कितना प्रामाणिक माना जाये। लेकिन क्या सत्य को पूर्णतः ख़ारिज कर देना सही है? उत्तर-आधुनिक विचारकों ने मात्र साहित्यिक रचनाओं का विवेचन ही नहीं किया, न ही मनुष्य के सांस्कृतिक व्यवहार के लक्षणों मात्र पर विमर्श किया, बल्कि उन्होंने प्राकृतिक विज्ञान को भी अपने दायरे में शामिल कर लिया। ल्योतार अपनी किताब 'द पोस्ट मॉडर्न कंडीशन' में प्रशिक्षण, अधिगम और ज्ञान (training, learning and knowledge) में से ज्ञान पर सवाल उठाते हैं। उनके अनुसार ज्ञान को विज्ञान समझना या विज्ञान को ज्ञान समझना ग़लत होगा। विज्ञान अधिगम का एक पक्ष मात्र है। विज्ञान अभिधात्मक होता है, और उन सारे पक्षों को ख़ारिज कर देता है जो उसकी सीमा से परे हैं या उसकी दृष्टि क्षमता में

नहीं आते। ज्ञान मात्र अभिधात्मक नहीं होता, उसका क्षेत्र इससे बहुत व्यापक होता है। ज्ञान का अर्थ कैसे जिया जाये, कैसे सुना जाये आदि-आदि भी होता है। ज्ञान का सम्बन्ध क्षमता से भी है। टॉमस खुन 'द स्ट्रक्चर ऑफ़ साइंटिफ़िक रेवोल्यूशन' में भी विज्ञान की उन पद्धतियों, जिन्हें सत्य माना जा चुका है, पर प्रश्न उठाते हैं। इससे एक बात तो साफ़ हो जाती है कि विज्ञान से सत्य नहीं जन्म लेता लेकिन पोस्ट-ट्रुथ इस बात का फ़ायदा उठाकर कि सब संशय के घेरे में है, अपना ही एक सत्य प्रस्तुत करता है जिसका उद्देश्य ही मात्र गुमराह करना है।

सामाजिक रचनावादियों का मानना है कि जितने भी सामाजिक यथार्थ हैं, चाहे वो वैज्ञानिक सिद्धान्त ही क्यों न हों, सब समाज रचित है। उनके सम्बन्ध में कोई भी ऐसी बात नहीं है जिसे हम वस्तुनिष्ठ सत्य ठहरा सकें। भौतिकशास्त्री, रसायनशास्त्री, जैव वैज्ञानिक और उनके साथी वैज्ञानिक जो यथार्थ कसती तलाश रहे हैं, उन्होंने रचनावादियों का विरोध किया। विज्ञान के समाजशास्त्रीय पक्ष ने और साहित्यिक आलोचकों और सांस्कृतिक अध्येताओं ने ये विचार दिया कि ज्ञान एक सामाजिक संरचना है। इस तरह सामाजिक रचनावादी विचारधारा उत्तर-आधुनिकतावाद के बहुत नज़दीक है। रचनावादियों ने इसी सिद्धान्त को विज्ञान पर लागू करने की कोशिश की। रचनावादियों का मानना है कि अगर विज्ञान ये कहता है कि यदि सत्य एक है तो फिर वैज्ञानिक किसी सिद्धान्त को सही और किसी को ग़लत कैसे मान लेते हैं। इसलिए विज्ञान और उसके सिद्धान्त भी विचारधारा का परिणाम मात्र हैं।

कुछ लोगों का कहना है कि वे वैज्ञानिक जो स्वयं आनुभाविक मामलों के जानकार हैं, वो अपनी व्यक्तिगत विशेषज्ञता को आगे बढ़ाने में लगे होते हैं। वे संसार के सत्य को नहीं खोजते, बल्कि अपनी राजनीतिक मान्यताओं के आधार पर अपनी सत्ता और शोषण के एजेंडा को आगे बढ़ाने में लगे हुए हैं। सैंड्रा हार्डिंग अपनी किताब 'द साइंस क्वेश्चन इन फ़ेमिनिज़्म' में लिखती हैं कि न्यूटन का 'प्रिंसिपिया मैथेमैटिका' एक 'रेप मैन्युअल' था। लोगों ने दावा किया है कि वैज्ञानिक अनुसन्धान का परिवेश काफ़ी पितृसत्तात्मक हुआ करता था। ऐसा नहीं था कि किसी वैज्ञानिक ने इस पर बात नहीं की। जैव वैज्ञानिक पॉल ग्रॉस ने एक किताब लिखी 1994 में 'हाइयर सुपरस्टीशन : द अकादमिक लेफ़्ट एंड इट्स क्वारेल्स विथ साइंस'। इसमें उन्होंने दावा किया कि उत्तर-आधुनिकता मात्र एक बकवास है और ये उन लोगों के द्वारा प्रयोग किया जा रहा है जिन्हें विज्ञान के बारे में कुछ पता नहीं है। लेकिन जो विज्ञान की तर्कसंगत आलोचना है, हम उसे अनदेखा नहीं कर सकते।

यहाँ पर मैं एक विवाद का ज़िक्र करना चाहूँगा जो उत्तर-आधुनिकता से सम्बन्धित है। न्यूयॉर्क विश्वविद्यालय के भौतिकी के जाने-माने प्रोफ़ेसर एलन सोकल ने अकादमिक पत्रिका 'सोशल टेक्स्ट' में एक लेख प्रस्तुत किया। यह लेख सोकल जी ने सिर्फ़ बौद्धिक दृढ़ता की परीक्षा के लिए लिखा था। यह काफ़ी प्रतिष्ठित पत्रिका थी जिसके सम्पादकीय मण्डल में फ्रेडरिक जेमसंस और एंड्रयू रॉस जैसे विद्वान थे। लेख उत्तर-आधुनिक शब्दावली से भरा हुआ था और सम्पादकों की पूर्वधारणाओं को भी पोषित कर रहा था। लेख का शीर्षक था 'ट्रांसग्रेसिंग द बाउंडरीज़ : टुवर्ड्स अ ट्रांस्फ़ॉर्मेटिव हेर्मुनेटिक्स ऑफ़ क्वांटम ग्रेविटी', जो विज्ञान अंक में छपा था। उसमें कई तर्क थे जिनमें से एक यह था कि क्वांटम ग्रेविटी एक भाषाई संरचना है। तीन हफ़्ते बाद सोकल ने 'लिंगुआ फ्रांका' पत्रिका में यह खुलासा किया कि वह लेख छल मात्र था। इस खुलासे ने अकादमिक जगत को हिलाकर रख दिया। विद्वत्ता के पैमानों पर प्रश्न उठने लगे। पत्रिका सवालों के घेरे में आ गयी कि क्या वह वैज्ञानिक नीति के नियमों का पालन करती भी है? और अगर इतनी बड़ी और प्रामाणिक पत्रिका पर भरोसा नहीं किया जा सकता तो फिर किसका यक़ीं किया जाये। इसलिए यह बात बिल्कुल सत्य है कि पैरोडी आलोचना की एक प्रभावी शैली है। सोकल जी ने यह काम हाइयर सुपरस्टीशन वॉल्यूम से प्रभावित होकर किया। उनका विचार यह था कि अगर ग्रॉस और लेविट का तर्क सही है तो कोई भी व्यक्ति अपना आलेख प्रकाशित करा सकता है मात्र इस आधार पर कि उसका मूल सैद्धान्तिक विचार सम्पादक की विचारधारा से मिलता-जुलता हो। ताज्जुब की बात यह है कि यह तरीक़ा कारगर रहा। और तो और शायद इस आलेख की सहकर्मी समीक्षा भी नहीं करायी गयी, क्योंकि यह आलेख अगर किसी वैज्ञानिक के पास गया होता तो इसकी त्रुटियाँ सहज ही पकड़ में आ जातीं। सोकल अपने आलेख के बारे में लिखते हैं कि उन्होंने इसमें देरिदा, लकान, इरिगैरी जैसे नामों और उत्तर-आधुनिक शब्दावली जैसे नॉन लिनियरिटी, फ्लक्स, इंटर कनेक्टेडनेस जैसे अस्पष्ट सन्दर्भों का प्रयोग किया था। फिर बिना किसी तार्किक सिद्धान्त पर बात किये सीधे उत्तर-आधुनिक विज्ञान पर बात की जिसमें यह तर्क दिया कि वस्तुनिष्ठ यथार्थ जैसा कुछ है ही नहीं। वस्तुतः उन्होंने आलेख में मात्र एक शब्दजाल रचा जो सुसंगत भी नहीं था और उसे लुभावना बनाने के लिए बड़े-बड़े उत्तर-आधुनिक विचारकों के नामों का प्रयोग कर लिया। उन्होंने उस लेख में बिना किसी प्रमाण के ये कहा था कि भौतिक यथार्थ सामाजिक और भाषाई संरचना मात्र है। उनका कहना था कि उन्होंने व्यंग्य किया ज़रूर, परन्तु उनका उद्देश्य काफ़ी

गम्भीर था। वो उदारवाद की गिरती साख से काफ़ी चिन्तित थे। उन्होंने ध्यान दिलाया कि उदारवादी हमेशा विज्ञान और नीति के पक्ष में और रहस्यवाद के ख़िलाफ़ रहे हैं। उनके अनुसार यथार्थ की सामाजिक संरचना का सिद्धान्त बनाकर न तो एड्स का कोई प्रभावी इलाज मिलने वाला है न ग्लोबल वार्मिंग की समस्या का समाधान होना है। और हम अगर सही और ग़लत के विचार की अवहेलना करने लगें तो ये हमें इतिहास, समाजशास्त्र और राजनीति के निराधार और ग़लत विचारों से लड़ने में मदद नहीं करेगा। सकल विवाद के बाद लोगों ने उत्तर-आधुनिक विचारधारा को गम्भीरता से लेना बन्द कर दिया और इसे बौद्धिक दिवालिया मानने लगे। और मज़े की बात यह है कि इस विवाद के बाद वे लोग जो उत्तर-आधुनिकता से प्रभावित नहीं थे या उसमें उनकी रुचि नहीं थी, वे भी इसके बारे में चर्चा करने लगे और उनकी रुचि जाग गयी। इसलिए कहा जाता है कि एक बार अगर कोई विचार चलने लगे तो उसे रोका नहीं जा सकता।

विज्ञान युद्ध के इस खण्ड के बाद एक तर्क ये उठ गया कि क्या उत्तर-आधुनिकता उन सभी के द्वारा प्रयोग की जा सकती है जो विज्ञान पर आक्षेप करना चाहते हैं? उत्तर-आधुनिकता के सिद्धान्तों का प्रयोग मात्र उदारवादी ही नहीं बल्कि वे सभी लोग करने लगे जिनको ये सिद्ध करना था कि वैज्ञानिक सिद्धान्त श्रेष्ठ नहीं हैं। वो सभी भी जिनको दावा करना था कि सत्य का राजनीतिकरण किया जा चुका है। और यह कितनी बड़ी विडम्बना होगी कि वाम के द्वारा आविष्कृत किसी तकनीक का प्रयोग दक्षिणपन्थी मात्र विज्ञान पर ही नहीं परन्तु किसी भी प्रमाणित तर्क पर करने लगें। और अगर ये सत्य हुआ तो फिर एक दूसरा दावा स्थापित हो जायेगा जो पोस्ट-ट्रुथ का कारण बनेगा।

जुडिथ वार्नर अपने लेख 'फ़ैक्ट फ्री साइंस' में लिखती हैं कि स्वीकृत तथ्यों को झुठलाना और स्थापित स्थितियों के पीछे मिथक और राजनीति दर्शाना एक तरह की युक्ति बन गयी है। उनका कहना है कि जैसे रिपब्लिकंस अपने परम्परावादी आधार को मज़बूत बनाने के लिए ग्लोबल वार्मिंग के पीछे पड़ गये हैं। विज्ञान के द्वारा तर्क पर सवाल उठाना एक तरह से प्रथा बन गयी है। उनका मानना है कि विज्ञान पर आक्षेप करना अब दक्षिणपन्थ के लिए खेल की तरह हो गया। ये अलग बात है कि उस आलेख में उत्तर-आधुनिक विचार का प्रयोग दक्षिणपन्थ ने किया, इस बात का कोई प्रमाण नहीं है। वार्नर ने उत्तर-आधुनिक विचारकों के कुछ उद्धरणों का प्रयोग करते हुए कहा कि वो चिन्तित हैं कि दक्षिणपन्थियों को राजनीतिक छत्रछाया प्राप्त हो गयी है। विज्ञान की एक लेखिका इससे चिढ़कर लिखती हैं

कि वार्नर की विवेचना इतनी ग़लत है कि यही स्पष्ट नहीं है कि उसका विश्लेषण कहाँ से किया जाये। और वो लिखती हैं कि परम्परावादी ऐसे गूढ़ तर्कों से प्रभावित नहीं होते और न ही वो परम्परावादी वामपन्थी विद्वानों की तरह शब्दजाल बुनते हैं। 1970 के दशक की बात है कि परम्परावादियों ने ख़ुद एक विद्वत्ता समिति गठित की और जलवायु परिवर्तन पर बहस शुरू कर दी जिसका सबने अनुसरण किया। उनके लिए 1990 के उत्तर-आधुनिक विचार निरर्थक हैं। वार्नर के लेख पर आपत्ति ये है कि जो जलवायु परिवर्तन को नकारते हैं, वो किसी भी तरह से उत्तर-आधुनिक विचार या तर्कधारा का अनुसरण नहीं करते। क्रिस मूनी का कहना है कि परम्परवादी विज्ञान को नकारते हैं, सत्य को नहीं नकारते। उनका तर्क ये है परम्परावादी इस बात पर प्रश्न नहीं करते कि विज्ञान सत्य तक पहुँचने का उचित मार्ग है या नहीं, उनकी समस्या ये है कि क्या हमारे वैज्ञानिक सत्य की खोज करने में सक्षम हैं? इसी बात को आगे बढ़ाते हुए वो यह भी कहते हैं कि क्या हमारे यूएस सीनेटर जैसे कि जेम्स इनहोफ़े कभी देरिदा या फूको के उद्धरण का प्रयोग करते पाये गये? लेकिन इस बात से इनकार नहीं किया जा सकता कि अम्ल वर्षा या ओज़ोन छिद्र जैसे मुद्दों पर चर्चाओं के समय यह दावा किया गया है कि सत्य अनिश्चित है। और इस बात को भी नज़रअन्दाज़ नहीं किया जा सकता कि राजनेता भले ही फूको या देरिदा के उद्धरण नहीं देते, पर उनके विचार का बीज उन तक ज़रूर पहुँच गया है।

विज्ञान को नकारने के पीछे दो ही महत्त्वपूर्ण कारण होते हैं, पहला आर्थिक एजेंडा और दूसरा वैचारिक एजेंडा। अलग से एक लॉबी गठित की जाती है जिसके द्वारा जलवायु परिवर्तन, आप्रवासन, गर्भपात, समलैंगिक विवाह जैसे मुद्दों पर झूठ फैलाकर राजनीतिक स्थिति को प्रभावित किया जाता है। मेरे एक दोस्त ने, जो धूम्रपान करता है, मुझसे कहा कि सिगरेट पीने से कैंसर नहीं होता, ये एक अफ़वाह है, और इसके पीछे वैज्ञानिक तर्क भी है। मुझे बड़ा आश्चर्य हुआ और मैंने इस मुद्दे पर पढ़ना शुरू कर दिया तो निष्कर्ष यह निकला कि यह सब मात्र आर्थिक हित साधने के लिए फैलाया गया है। ली मैकइंटायर ने इसकी पूरी कहानी लिखी है जो शुरू होती है 1953 में, जब न्यू यॉर्क के प्लाज़ा होटल में सभी बड़ी तम्बाकू कम्पनियों के प्रमुख एक साथ आये। उन्हें पता चला था कि एक नये शोध के अनुसार सिगरेट के तार से कैंसर होता है, और यह सारे तम्बाकू कम्पनियों के लिए बहुत बुरी ख़बर थी। वो इस समस्या का समाधान ढूँढ़ने के लिए एकत्रित हुए। उस सम्मेलन की अध्यक्षता जॉन हिल कर रहे थे, जो जन-सम्बन्ध की विश्वप्रसिद्ध हस्ती हैं। उन्होंने सुझाव दिया कि आपस में स्वास्थ्यवर्धन या कम हानिकारक को

लेकर प्रतिद्वन्द्विता या होड़ करने के बजाय हमें एक संयुक्त मोर्चा बनाकर विज्ञान का मुक़ाबला करना चाहिए। हमें उसे उसके ही क्षेत्र में पछाड़ना चाहिए और ऐसे शोध को वित्तीय मदद देनी चाहिए जो इसका मुक़ाबला करे। अतः सभी अधिकारियों की सहमति से एक तम्बाकू उद्योग शोध समिति बनायी गयी, जिसका उद्देश्य जनता को ये यक़ीं दिलाना था कि शोध के अनुसार जो तार से कैंसर का सम्बन्ध निकला था, वो प्रामाणिक नहीं है और बहुत से वैज्ञानिक उसे नहीं मानते। बहुत सारे प्रकाशन संस्थाओं को पैसे दिये गये कि वो इसके पक्ष में शोध आलेख छापें। और यह तरीक़ा सफल रहा, इसका प्रभाव आज तक समाज पर दिख रहा है। आज भी लोग जो सिगरेट पीना चाहते हैं, वो बहाने के रूप में इसी शोध का सहारा लेते हैं, कुछ अपने आप को इसी शोध का भुलावा देते हैं और कुछ तो इसी को सत्य मानते हैं। यह पूरा प्रकरण इस बात का प्रमाण है कि कैसे आर्थिक फ़ायदे के लिए सत्य को तोड़-मरोड़कर प्रस्तुत किया जाता है। इसे तोड़ने-मरोड़ने की कोई सीमा भी नहीं है, अगर यह स्वास्थ्य जैसे नाज़ुक मुद्दे से भी खेल सकता है। फिर तो राजनीति और समाज की बात ही करना व्यर्थ है। पोस्ट-ट्रुथ और पूँजीवाद के रिश्ते का भी ये बहुत सटीक उदाहरण है। रोनाल्ड गीयरे अपनी किताब 'अंडरस्टैंडिंग साइंटिफ़िक रीजनिंग' में लिखते हैं कि सह-सम्बन्ध का मतलब हेतुता नहीं होता। इससे कोई फ़र्क़ नहीं पड़ता कि यह सह-सम्बन्ध कितना ज़्यादा है, परन्तु इससे यह अर्थ निकालना कि एक के होने से दूसरा है, या उन दोनों में कार्य-कारण सम्बन्ध निकालना ग़लत होगा। यह साबित करने के लिए कि एक-दूसरे का कारण है, उचित प्रमाण आवश्यक है न कि सह-सम्बन्ध। अधिक सह-सम्बन्ध से यह बात निश्चित हो जाती है कि दोनों चर एक-दूसरे से सामान्यतः जुड़े हुए हैं। किन्तु जब अनुभवजन्य या प्रयोगसिद्ध मामलों की बात हो तो हमेशा एक सन्देह बना रहता है। अमेरिकी समाचार-पत्रों में विज्ञापन दिये जो 43 लाख तक पहुँचा और ये भ्रान्ति फैलाने में सफल रहा। रॉबिन-हॉट लिखते हैं कि तम्बाकू उद्योग शोध समिति वैज्ञानिक मतैक्य 'धूम्रपान से कैंसर होता है' को सन्देह के घेरे में लाने में सफल रहे। मीडिया में यह बात पहुँच गयी कि हर कहानी के दो पक्ष होते हैं और दोनों को समान महत्त्व दिया जाना चाहिए। और इसका परिणाम यह हुआ कि राजनेताओं को भी इस मुद्दे से ख़ुद को अलग करने का मौक़ा मिल गया। तम्बाकू कम्पनियों ने अपने आर्थिक हित की रक्षा कर ली। ये कहानी चालीस साल तक चली और बाद में यह बात निकलकर आयी कि ये मात्र तम्बाकू उद्योग शोध समिति का फैलाया छल था, इसका कोई वैज्ञानिक आधार नहीं है।

क़ानूनी कार्यवाही से बचने के लिए कम्पनियों को 100 बिलियन डॉलर देने पड़े, और वे अपने उत्पाद वैश्विक बाज़ार में बेचने के लिए स्वतन्त्र हो गये।

प्रश्न यह है कि उन्होंने ऐसा क्यों किया? इसका सीधा-सादा जवाब है कि उन्होंने उन चालीस सालों में ख़ूब मुनाफ़ा कमाया, और भविष्य के मुनाफ़े को देखते हुए, 100 बिलियन डॉलर कोई बहुत बड़ी रक़म नहीं थी। इस कहानी से मैं यह स्पष्ट करना चाहता हूँ कि कैसे-कैसे सन्देह बनाया जाता है और फिर कैसे इसका पूँजीकरण किया जाता है। सत्य का महत्त्व इतना कम है कि मुनाफ़े के लिए इस पर ध्यान नहीं दिया जाता। ओरेस्केस और कॉनवे 'मर्चेंट्स ऑफ़ डाउट्स' में लिखते हैं कि विज्ञान को अस्वीकार करने के लिए तम्बाकू रणनीति का इस्तेमाल किया जाता है। 1969 में तम्बाकू अधिकारी लिखते हैं कि सन्देह एक ऐसा हथियार है जो हमें तथ्य से लड़ने में मदद करता है। सन्देह आम लोगों के बीच होता है, और इसीलिए विशेषज्ञों को पैसे देकर जनता में यह राय फैलायी जाती है कि हर कहानी के दो पक्ष होते हैं। ये जनता के सन्देह का फ़ायदा उठाने, और उसका पूँजीकरण करने का सबसे अच्छा मौक़ा और तरीक़ा होता है।

ताज्जुब की बात तो यह है कि 2000 तक के बहुत सारे वैज्ञानिक विवाद जैसे अम्ल वर्ष और ओजोन छिद्र को भी सिगरेट कम्पनियों ने ही प्रायोजित किया। इस तरह विज्ञान के खण्डन को प्रायोजित करना कम्पनियों का नया एजेंडा बन गया। विशेषज्ञों को पैसे दिये जाते हैं झूठे शोध प्रस्तुत करने के लिए, फिर उन्हीं शोधों को टेलीविज़न पर बार-बार दुहराया जाता है, और प्रचार अभियोजनाओं को विज्ञान के ख़िलाफ़ जन सहमति बनाने के लिए पैसे दिये जाते हैं। ये सारे ही क़दम पोस्ट-ट्रुथ की तरफ़ ले जाते हैं।

ग्लोबल वार्मिंग भी विज्ञान अस्वीकृति का एक दूसरा ज़बरदस्त उदाहरण है। बहुत सारी किताबें और आलेख ऐसे उपलब्ध हैं जो यह दावा करते हैं कि जलवायु परिवर्तन पर मौजूद सारे वैज्ञानिक प्रमाण विवादास्पद हैं। 'मर्चेंट ऑफ़ डाउट्स' में ओरेस्केस और कॉनवे लिखते हैं कि इस बार पैसे जीवाश्म ईंधन कम्पनियों से आये और सबसे ज़्यादा पैसा तम्बाकू दिग्गज फ़िलिप मोरिस ने लगाया। द हार्टलैंड इंस्टिट्यूट को 1986 से 1998 के बीच 7.3 मिलियन डॉलर प्राप्त हुए, और 1998 से 2010 के बीच 14.4 मिलियन डॉलर प्राप्त हुए। बहुत सारा पैसा इसमें कोच उद्योग ने लगाया जिसके पास काफ़ी मात्रा में तेल और ईंधन उपलब्ध था। एक्सॉन मोबिल ने दावा किया कि 2008 से उसने उन सारी संस्थाओं को आर्थिक सहायता देना बन्द कर दिया है जो जलवायु परिवर्तन को नकारती हैं। लेकिन अनुसन्धानकर्ताओं का

मानना है कि एक्सॉन मोबिल ने जलवायु परिवर्तन के तथ्यों को भ्रमित करने के लिए वित्तीय मदद दी है। उनका मानना है कि उन सबकी नज़र आर्कटिक महासागर पर है क्योंकि उससे तेल और ईंधन का स्रोत मिलने की अच्छी सम्भावना है। द हार्टलैंड इंस्टिट्यूट ने यह चेतावनी दी कि जो लोग यह कहेंगे कि वे जैविक ईंधन के समर्थन के लिए पैसे ले रहे हैं, वे उन पर मुक़दमा करेंगे। और तो और उन्होंने अब वित्तीय स्रोतों का खुलासा करना बन्द कर दिया है, जिससे यह भी पता नहीं चल सकता कि धन आ कहाँ से रहा है। इसलिए लोगों के पास अब उनकी बात मानने के अलावा कोई चारा नहीं था। जस्टिन गिला और लेस्ली कॉफमैन का मानना है कि द हार्टलैंड इंस्टिट्यूट अभी भी जलवायु परिवर्तन के मामले में इस सन्देह को सह देता है कि जलवायु परिवर्तन मानव-निर्मित है न कि पर्यावरण में ऐसा कुछ हो रहा है। वास्तव में सिर्फ़ हार्टलैंड इंस्टिट्यूट ही ऐसा नहीं है जो जलवायु परिवर्तन पर विवाद करता है, बल्कि और भी ऐसी संस्थाएँ हैं जो इस बात से इनकार नहीं करतीं कि जलवायु परिवर्तन मानव निर्मित है। 2015 में तो जलवायु परिवर्तन के बारे में सन्देह पैदा करने में जॉर्ज मार्शल इंस्टिट्यूट ने एक बहुत बड़ी भूमिका अदा की। यहाँ तक कि कुछ यूनिवर्सिटी वैज्ञानिक जो हार्टलैंड के कार्यक्रमों में आते थे, उन्होंने भी सन्देह में योगदान दिया। 2004 में बहुत सारे ऐसे शोध हुए जिन्होंने इस बात पर सहमति बनायी कि मानवीय गतिविधियों का असर पर्यावरण पर पड़ रहा है। अब प्रश्न यह आता है कि क्या यह विवाद ख़त्म हो गया है? सीधा उत्तर है कि नहीं, ये विवाद अभी बन्द नहीं हुआ है। क्या वैज्ञानिकों में सहमति बन गयी है, उत्तर है कि नहीं, अब तक सहमति नहीं बन पायी है। इसका सामान्य-सा कारण यही है कि 20 साल से आर्थिक मदद देकर एक सन्देह का निर्माण किया गया है और उसे बढ़ावा दिया गया है जिसका असर अब तक बना हुआ है।

मैंने यहाँ इन सभी मामलों का ज़िक्र इसलिए किया है कि आज के परिवेश में पहले ही अपना पक्ष चुन लिया जाता है। अब तो बस लोग एक पक्ष पकड़ लेते हैं और अपना पाला चुन लेते हैं। उनको तथ्य और प्रमाणों से कोई मतलब नहीं है। ग़लत सूचनाएँ फैलाकर लोगों को भ्रमित किया जाता है, और तथ्य सत्यापित करना मानो निन्दा का विषय हो। अपनी स्थिति सुदृढ़ करने के लिए चुनिंदा तथ्यों का प्रयोग किया जाता है, और सारे तथ्यों को सिरे से ख़ारिज कर दिया जाता है और यही अब पोस्ट-ट्रुथ का यथार्थ है। ये उन लोगों को विश्वसनीय नहीं लगेगा जो अब भी तथ्य और प्रमाण की चिन्ता करते हैं। वैसे भी लोग क्यों ही तथ्य और प्रमाण की चिन्ता करना चाहेंगे, उससे उनका कोई राजनीतिक या आर्थिक हित तो सधने वाला है नहीं।

जब किसी के समर्थक पाले की चिन्ता ज़्यादा करने लगते हैं कि किस पाले में आप हैं, किस पाले में आप नहीं, तब तथ्य और प्रमाण से ज़्यादा मत मायने रखने लगते हैं। पक्ष चुनने के लिए मत की ही आवश्यकता होती है, तथ्य की नहीं। जो तरीक़े विज्ञान को नकारने के लिए प्रयोग में लाये गये थे, वही तरीक़े पोस्ट-ट्रुथ वर्ल्ड में भी प्रयोग में लाये जा रहे हैं। और क्या ये आश्चर्य की बात नहीं है जब तम्बाकू से होने वाले कैंसर, और जलवायु परिवर्तन जैसे तथ्यों को सीधा नकार दिया जाता है, तब तो क़ातिल की पहचान, या वोटिंग मशीन के साथ छेड़छाड़ जैसे विषयों पर तथ्यों के साथ छेड़छाड़ करना बहुत आसान हो गया है। ग़लत सूचनाएँ फैलाकर, सन्देह पैदा करके किसी भी मुद्दे का बहुत आसानी से राजनीतिकरण किया जा सकता है। और ध्यान से देखा जाये तो रणनीति ही यही है, इसकी जड़ वहीं है जब हर मुद्दे को निशाने पर ले लिया गया है। और ये कहना तो बहुत आसान है कि जिस समाज में विचार विज्ञान को आसानी से पछाड़ सकता है, उस समाज में पोस्ट-ट्रुथ ही आगे बढ़ सकता है और समाज को बड़ी आसानी से अपने कब्ज़े में ले सकता है।

यहाँ जो मूल प्रश्न मैं उठाना चाहता हूँ, वह यह है कि ऐसी कौन सी प्रेरणा है जो आज के परिवेश में लोगों को पोस्ट-ट्रुथ को स्वीकार करने पर मजबूर कर देती है। मैं यहाँ पर स्पिनोज़ा की एक किताब 'एथिक्स' का ज़िक्र करना ज़रूरी समझता हूँ क्योंकि प्रभाव के सिद्धान्त में स्पिनोज़ा एक महत्त्वपूर्ण हस्ताक्षर हैं। प्रभाव सिद्धान्त यहाँ इसलिए महत्त्वपूर्ण है क्योंकि आज जब पोस्ट-ट्रुथ में व्यक्तिगत संचार का स्थान आभासी संचार ने ले लिया है, तब प्रभाव ही एक तरीक़ा है अपने अस्तित्व को बचाये रखने का। इससे अभिलाषा के महत्त्व का काफ़ी नज़दीकी सम्बन्ध है। ये अभिलाषा वस्तुतः आनन्द की अभिलाषा है। लेकिन यह भी विचारणीय है स्पिनोज़ा ने ये सिद्धान्त 17वीं सदी में दिया था, तो इस सिद्धान्त को सीधे आज के परिप्रेक्ष्य में नहीं लाया जा सकता। इसके कुछ मुख्य तत्त्वों पर वर्तमान परिप्रेक्ष्य में पुनर्विचार की आवश्यकता है। स्पिनोज़ा के सिद्धान्त को अपवर्तन की आवश्यकता इसलिए भी है क्योंकि मीडियाकरण की वजह से बहुत सारे परिवर्तन हुए हैं। यह सिद्धान्त पोस्ट-ट्रुथ से कैसे जुड़ा है, ये समझने के पहले हमें पोस्ट-ट्रुथ से ये समझना होगा कि उन्होंने क्या मानवीय अवधारणा दी है। स्पिनोज़ा अपनी किताब 'एथिक्स' में लिखते हैं कि "each thing, in so far as it is in itself, endeavours to persevere in its being". अर्थात् "प्रत्येक वस्तु, जहाँ तक वह अपने आप में है, अपने अस्तित्व में बने रहने का प्रयास करती है।" वास्तव में ये जो प्रयास है, यही उस अस्तित्व का सार तत्त्व है। 'व्हाई शुड वी रीड स्पिनोज़ा' में जेम्स लिखते हैं कि एक व्यक्ति जिस

तरह विद्यमान होता है, वे अपने अस्तित्व को बनाये रखने के लिए शक्ति का प्रयोग करता है। ये जो परिवेश के साथ एक परस्पर बने रहने की योग्यता है, और परिवेश पर अपना प्रभाव बनाने की योग्यता, यही सर्वोपरि है। सतत प्रयास को लैटिन में स्पिनोज़ा ने 'कॉनैटस' लिखा है, जिसका अर्थ है कि हमारी सुदृढ़ता की क्षमता दूसरे निकायों पर प्रभाव डालती है जो हमारी शक्ति और क्षमता को बढ़ाता है। इसलिए हमारा पूरा अस्तित्व परस्पर प्रभाव क्रिया पर केन्द्रित है।

अस्तित्व को बनाये रखने के लिए लगातार प्रयास करना यह दर्शाता है कि अस्तित्व कभी भी सम्पूर्ण नहीं होता। अगर अस्तित्व सम्पूर्ण और आत्मनिर्भर या स्वत: यथेष्ट है तो अस्तित्व को बनाये रखने के लिए किसी प्रयास की आवश्यकता नहीं है। इसका अर्थ यह हुआ कि अस्तित्व की निरन्तर कमी पड़ी रहती है। अस्तित्व के लिए सतत प्रयास होता रहता है। नवीन प्राप्त सत्ता/शक्ति के कारण ऐसा भ्रम होता है कि अब कोशिश की आवश्यकता नहीं पड़ेगी पर यह चरण कभी पूर्ण नहीं होता है। कुछ लोगों का मानना है कि कॉनैटस को निरन्तर अभाव की तरह दर्शाना ग़लत होगा बल्कि उसको 'आवश्यक सकारात्मकता' की तरह देखना चाहिए। हालाँकि कॉनैटस को सतत प्रयास और प्रभावशील विनिमय के रूप में विद्यमान होना यही दर्शाता है कि कोई भी चीज़ कभी भी अपने आदर्श अवस्था के सदृश नहीं होती और यह आदर्श या यथार्थ के सादृश्य का अन्तर ही अभाव कहा जाता है। इससे एक क़दम आगे बढ़ें तो यह समझ आयेगा कि कॉनैटस, अस्तित्व के बने रहने का सतत प्रयास, तभी विद्यमान रह सकता है अगर इसमें अभाव बचा रहे। अस्तित्व का यह अभाव ही अस्तित्व के गहरे सार तत्त्व का निर्माण करता है। इसीलिए सब कुछ चाहे वह मानव ही क्यों न हो, उसकी रचना की धुरी एक अभाव है, जिसे वह पूर्ण करने के सतत प्रयास में लगा रहता है, और इस तरह कॉनैटस का उदय होता है जो उस चीज़ का महत्त्वपूर्ण लक्षण बन जाता है। कॉनैटस के द्वारा अस्तित्व शून्य से, उस अभाव से बाहर आता है, और यही अभाव उसे कार्य के लिए प्रेरित करता है। हम अस्तित्व की रिक्तता को नहीं झेल सकते और इसलिए नये प्रभावपूर्ण विनिमय से उस रिक्तता को भरने की कोशिश करता है।

डेलूज़ का मानना है कि एक शरीर दूसरे शरीर पर प्रभाव डालता है या उस पर दूसरे शरीर का प्रभाव पड़ता है। यह परस्पर प्रभाव की क्षमता उस शरीर को परिभाषित करती है और उसके अस्तित्व पर इस हद तक प्रभाव डालती है कि उसका अस्तित्व इस पर आधारित हो जाता है कि वह दूसरों के द्वारा कितना बोधगम्य है या उसे कितने बेहतर तरीक़े से समझा जा रहा है। अस्तित्व की प्रभाव क्षमता का

अन्दाज़ा इस बात से लगाया जा सकता है कि संसार जो उसकी तरफ़ भेज रहा है, उसको वह कैसे आत्मसात् कर रहा है। इसे समझना और भी आसान हो जाता है जब हम यह देखते हैं कि ये एक पारस्परिक क्रिया है। अर्थात् एक अस्तित्व अगर इससे निर्धारित होता है कि दूसरे उसे कैसे समझते हैं, या उसका लोगों पर क्या प्रभाव पड़ रहा है, तो इससे भी निर्धारित होता है कि उस पर दूसरों का क्या प्रभाव पड़ रहा है। यही बात दूसरे अस्तित्व पर भी इसी तरह लागू होती है। यह ट्रांसपर्सनल भी होता है, अर्थात् एक ही समय में कई अस्तित्व परस्पर प्रभाव से जुड़े हैं। उदाहरणत: अगर आप अपने दोस्तों के साथ कार्यस्थल पर बैठे हैं, उनसे उस तरह बात नहीं करेंगे जिस तरह आप उनसे किसी व्यक्तिगत स्थान या किसी होटल में बात करेंगे। हालाँकि बातचीत आप दोनों के बीच ही होनी है, पर आप पर उस परिवेश और वहाँ मौजूद लोग (जिनसे आपका कोई मतलब नहीं, न आपके कार्य या बातचीत से उनका कोई मतलब है) का प्रभाव पड़ता है जो आपके फ़ैसले को प्रभावित करता है। स्पिनोज़ा के लिए ये 'प्रभाव' चीज़ों के शारीरिक मेल से होता है। मानव शरीर के आसपास से जो भी चीज़ गुज़रती है, उसके पास उसे महसूस करने की क्षमता है। स्पिनोज़ा मस्तिष्क को शरीर से अलग नहीं देखते। उनका मानना है कि मस्तिष्क और शरीर दोनों एक साथ चीज़ों का आभास करते हैं। वर्तमान मीडियाकृत परिवेश में मस्तिष्क की प्रभावी क्षमता ज़्यादा महत्त्वपूर्ण हो जाती है क्योंकि यहाँ विचार का मेल विचार से होता है। यहाँ पर हमें प्रभाव क्षमता से जूझना पड़ता है क्योंकि व्यक्तिगत उपस्थिति सम्भव नहीं है। शारीरिक प्रभाव तो अनुपस्थित रहता है लेकिन मानसिक प्रभाव बना रहता है। वर्तमान संचार तकनीकों के कारण स्थान और समय के परे एक तरह की सह-चेतना स्थापित हो जाती है। कॉल्ड्री और हेप का मानना है कि मीडियाकरण के पहले की स्थिति में हम वहीं रहते थे जहाँ हमारा शरीर हुआ करता था। आज हम चाहे जहाँ बैठे हों पार्क में, ट्रेन में या विश्वविद्यालय परिसर में, लेकिन डिजिटल टेक्नोलॉजी के द्वारा हमारी उपस्थिति एक साथ कई स्थान पर होती है और हम उन व्यक्तियों से मिलजुल रहे होते हैं जो शारीरिक रूप से उपस्थित नहीं होते, बल्कि वह भी एक साथ कई स्थान पर उपस्थित होते हैं, और इस तरह परस्पर एक साथ कई अस्तित्वों को प्रभावित कर रहे होते हैं। इसका मतलब यह नहीं है कि शरीर दरकिनार हो गया है। शारीरिक तत्त्व फिर भी विद्यमान रहता है। वस्तुत: शरीर और मस्तिष्क की एक समानान्तर सत्ता बनी रहती है। ऐसा नहीं है कि शरीर से भंग मस्तिष्क प्रभाव अनुभव करे, क्योंकि मस्तिष्क को उचित अनुभव के लिए

शरीर की सहभागिता की आवश्यकता है, जिस प्रकार शरीर को प्रभाव को समझने के लिए मस्तिष्क की सहभागिता चाहिए।

स्पिनोज़ा के हिसाब से 'प्रभाव' हमारे अस्तित्व को बनाये रखने में योगदान देता है। प्रभाव ही संसार को जानने-समझने और उसके महसूस करने का मुख्य माध्यम है, जो हम अतटस्थ होकर करते हैं। अतटस्थता का अर्थ है, हम किसी भी चीज़ से तुरन्त एक भार जोड़ देते हैं, और यह भार इस पर आधारित होता है कि हम प्रभावित कैसे हो रहे हैं। ऑनलाइन परिवेश में हम अपने 'स्व' को और भी अभिव्यक्त कर रहे हैं। सामाजिक दुनिया धीरे-धीरे बहुत आसानी से एक-दूसरे के नज़दीक आती जा रही है। परिणामस्वरूप हम न चाहते हुए भी एक-दूसरे से प्रभावित होते रहते हैं। यह व्यक्तित्व काल्पनिक भी हो सकता है जिससे हम प्रभावित हो रहे हैं और होना भी चाहते हैं क्योंकि हमारा अस्तित्व तभी बना रहेगा जब हम लगातार बाहरी दुनिया से जुड़े रहेंगे। आज के मीडियाकृत संसार में संचार ही केन्द्र बन चुका है। यह संचार मुख्यतः सामाजिक है, क्योंकि इस मेलजोल के लिए सामाजिक होना आवश्यक है। बाद में यह संचार सामाजिक नियमों में बँध जाता है जिसके अपने नियम और अपनी प्रणाली होती है। इसलिए हम जिस भी चीज़ को अपना या अपने से सोचते हैं, वो वस्तुतः बाहरी चीज़ों का परिणाम होता है। हम जैसे-जैसे धीरे-धीरे चीज़ों से प्रभावित होते जाते हैं, वैसे-वैसे उन्हें आत्मसात् करते जाते हैं, उसी तरह जैसे सामाजिक नियमों से शुरुआत में हमारा कोई सम्बन्ध नहीं होता पर धीरे-धीरे हम उनके अधीन हो जाते हैं, जैसे हम उसके बिना रह ही नहीं सकते। यहाँ तक कि किसी भी चीज़ को लेकर हमारे विचार पूर्णतः अपने नहीं होते बल्कि बाहरी तत्त्वों से प्रभावित होते हैं। हमारे विचारों में आसानी से बाहरी तत्त्वों और परिस्थितियों का प्रभाव देखा जा सकता है। इस तरह हमारे फ़ैसले को अगर कोई प्रज्ञा दृष्टि से देखे तो बड़े आराम से दूसरों की अपेक्षाओं की छाया उसमें झाँकती दिखेगी। इसी को स्पिनोज़ा ने imitation (प्रतिरूप) कहा है। हम दूसरों से प्रभावित होकर दूसरों की नक़ल करने लगते हैं। नक़ल की वजह से हमारा 'स्व' दूसरों के दावों को आत्मसात् करने लगता है और उसे इसी में आनन्द प्राप्त होता है। यह आनन्द सामूहिक होता है क्योंकि जिससे हम प्रभावित होते हैं, वो उस दावे को पुख़्ता करता है जिससे उसे भी आनन्दानुभूति होती है। वर्तमान परिवेश में सामाजिक कर्त्ता के अस्तित्व की मूल परिस्थिति में परिवर्तन है। समाज में अब व्यक्ति से ये उम्मीद की जाती है कि वह डिजिटल प्लेटफ़ॉर्म्स पर उपलब्ध रहे। यहाँ तक कि उस पर इसका एक दबाव बन जाता है।

पोस्ट-ट्रुथ : मिथक और कथ्य

सत्य का सबसे बड़ा दुश्मन अक्सर सुविचारित, दूरगामी और बेईमान, झूठ नहीं बल्कि दृढ़, प्रेरक और अवास्तविक मिथक होता है। बहुत बार हम अपने पूर्वजों की रूढ़िवादिता को दृढ़ता से थामे रहते हैं। हम सभी तथ्यों को पूर्वनिर्मित व्याख्याओं के अधीन रखते हैं। हम विचार की असुविधा के बिना सम्मति की सुविधा का आनन्द लेते हैं।[1]

—जॉन एफ़ कैनेडी

इसलिए मैं यह दिखाने का दावा नहीं करता कि मानव मिथकों में कैसे सोचते हैं बल्कि यह कि मानव मस्तिष्क कैसे अवगत हुए बिना मिथक से संचालित होते हैं।[2]

—क्लाउड लेवी-स्ट्रॉस

जीवन को सबके सामने प्रस्तुत कैसे किया जाये, यह एक बहुत पुराना विमर्श है। इस विषय में विभिन्न विचारकों के अपने-अपने मत हैं। ऐसा माना जाता है कि साहित्य या कविता एक माध्यम है जिससे जीवन को प्रस्तुत किया जाता है। जैसे ग्रीक दार्शनिक प्लेटो का मानना है कि कविता केवल आनन्द और भावनाओं के

---

1. "The great enemy of truth is very often not the lie–deliberate, contrived and dishonest–but the myth–persistent, persuasive and unrealistic. Too often we hold fast to the cliches of our forebears. We subject all facts to a prefabricated set of interpretations. We enjoy the comfort of opinion without the discomfort of thought." **–John F. Kennedy**
2. "I therefore claim to show, not how men think in myths, but how myths operate in men's minds without their being aware of the fact." **–Claude Lévi-Strauss**

लिए है और इसी कारण वो अपनी प्रसिद्ध किताब 'रिपब्लिक' में कवियों को स्थान नहीं देते हैं। उनका विचार है कि कविता समाज को विकृत कर देती है और समाज को जिस बौद्धिक क्षमता की आवश्यकता है, वह उसके विकास में बाधा बन जाती है। साहित्य समाज और व्यक्ति पर एक नकारात्मक प्रभाव डालता है। इसके साथ-साथ प्लेटो यह भी कहते हैं कि कला का वास्तविकता से कोई सम्बन्ध नहीं है, "art is thrice removed from reality." अर्थात् "कला और काव्य यथार्थ से तिहरी दूरी पर होते हैं"। उन्होंने काव्य को मूल प्रत्यय के अनुकरण का अनुकरण कहा है। जैसे बढ़ई महान शिल्पी ईश्वर के द्वारा निर्मित मूल बिम्ब का अनुकरण करके पलँग बनाने का विचार मन में लाता है। यह बिम्ब उस मूल दैवी विचार का प्रतिबिम्ब मात्र है, अत: उसके समान दोषहीन नहीं हो सकता। जब इस विचार को आधार मानकर बढ़ई वास्तविक पलँग बनाता है, तो वह उसके मानस में मौजूद अनुकृति की अनुकृति है, और यह द्वितीय अनुकृति प्रथम अनुकृति से कमतर ही रहेगी। चित्रकार इस पलँग का अनुकरण कर चित्र बनाता है। साहित्यकार भी उसी बढ़ई द्वारा बनाये गये अनुकरण को अपनी रचनाओं का विषय बनाता है। इस तरह कला और काव्य सत्य से तिहरी दूरी पर होते हैं। इसलिए उन्होंने कला और काव्य को महत्त्वपूर्ण नहीं माना है। प्लेटो का सदा यही मानना रहा कि, कविता (जो कि कला का ही एक प्रकार है) का समाज निर्माण में कोई योगदान नहीं होता है। यहाँ प्लेटो आदर्श समाज की बात कर रहे हैं, और साहित्य का इस आदर्श समाज से सम्बन्ध तो है परन्तु यह आदर्श समाज में कोई योगदान नहीं देता और व्यक्ति की भावनाएँ उद्वेलित कर देता है, जिसके कारण वह भावनात्मक फ़ैसले लेने लगता है। प्लेटो के शिष्य अरस्तू का कला और जीवन को लेकर विचार बिल्कुल अलग है। उनका कहना है कि कला एक तरह से ज़िन्दगी की ही प्रतिच्छाया है। उन्होंने प्लेटो द्वारा प्रस्तावित अनुकरण को पुन:प्रतिस्थापित किया और उसमें पुनर्रचना का समावेश किया। उनका विचार था कि यह अनुकरण तीन रूपों में किया जाता है :

1. प्रतीयमान रूप अर्थात् वह जिस रूप में रचनाकार को दिखता है
2. सम्भाव्य रूप अर्थात् वह जो रूप ले सकता है
3. आदर्श रूप अर्थात् जिस रूप में उसे होना चाहिए

इसके अलावा कोई भी दार्शनिक चाहे वो लोंजाइनस हो या अरस्तू, उनका मानना था कि कला जीवन को मार्गदर्शित, आलोकित और शिक्षित करती है।

अनुकरण सिद्धान्त विद्वानों के बीच सदैव चर्चा का विषय रहा है, और इसके बारे में सबके अपने मत और व्याख्याएँ हैं। प्लेटो का कहना है कि अनुकृत

प्रस्तुतीकरण अपर्याप्त है। प्लेटो से लेकर गेब्रियल गार्सिया मार्ख़ेस तक देखें तो विवाद हमेशा सत्य के प्रस्तुतीकरण पर रहा है। इस पर सबने अपने-अपने विचार स्पष्ट किये हैं। कौन सा तरीक़ा सत्य को सम्पूर्ण स्वरूप में प्रस्तुत करता है या इसके क़रीब भी पहुँच पाता है, ये हमेशा एक तर्क का विषय रहा है।

महान लेखक गेब्रियल गार्सिया मार्ख़ेस का नाम जादुई यथार्थवाद के लिए लिया जाता रहा है। यह साहित्य सिद्धान्त है, जो कि सामान्यत: उत्तर-आधुनिकतावाद से सम्बन्धित है। जादुई यथार्थवाद साहित्य की एक ऐसी शैली है जो कल्पना और यथार्थ के बीच की रेखाओं को धुँधला कर देती है। इसमें वास्तविक दुनिया के परिवेश में अक्सर जादुई तत्त्वों का समावेश होता है। कथाओं या कलाओं में जादुई संसार ऐसे घुला-मिला होता है कि वास्तविकता और कल्पना मिलकर एक अलग संसार का सृजन कर देती हैं।

इसमें कहानी को प्रतीकात्मक और व्यंजनापूर्ण तरीक़े से प्रस्तुत किया जाता है। उनकी मुख्य चिन्ता यह होती ही नहीं है कि कहानी वास्तविक रूप में सम्भव है अथवा नहीं, परन्तु ये कहना कि यह कहानियाँ वास्तविक नहीं होती हैं, एक तरह से ग़लत ही होगा, क्योंकि अमूमन ये कहानियाँ जिये हुए वातावरणों और अनुभवों को ही प्राथमिकता देती हैं, तो इसीलिए ये कहानियाँ अपने तरीक़े से ही वास्तविक होती हैं। जादुई यथार्थवाद सत्यापित चीज़ों पर ज़ोर नहीं देता, परन्तु इसके साथ-साथ वो एक अलग ही दुनिया बनाता है, और उसी में लोगों को वास्तविक सच दिखाना चाहता है। पोस्ट-ट्रुथ और जादुई यथार्थवाद में भी काफ़ी समानताएँ हैं। पोस्ट-ट्रुथ को भी लोग पलायनवादी कथ्य कहते हैं, जो सत्यापित तथ्य के बदले एक कथ्य खड़ा करता है, जिससे लोगों को उसका उपभोग करने में आनन्द प्राप्त हो। पोस्ट-ट्रुथ हमेशा से उपभोक्ताओं के अनुसार एक अलग यथार्थ की रचना करता है। इसलिए दो संकल्पनाओं को समझना आवश्यक है— सम्भाव्यता और अनुकरणीयता, क्योंकि दोनों तरह की संकल्पनाओं का सम्बन्ध एक अलग तरीक़े से यथार्थ को दिखाने से ही है। ये दोनों ही संकल्पनाएँ पोस्ट-ट्रुथ की अन्त:संरचनाओं पर प्रकाश डालती हैं।

प्राचीन ग्रीक सभ्यता में अनुकरण को नक़ल या प्रस्तुतीकरण के तौर पर देखा जाता था, जिसका मतलब लोगों की प्रतिक्रियाएँ महत्त्वपूर्ण हैं न कि परिवेश। विद्वान हास्किंस का कहना है कि प्लेटो ने भी पहली बार अनुकरण को सैद्धान्तिक रूप से तीन अलग-अलग तरीक़ों में प्रस्तुत किया है, हालाँकि सब एक-दूसरे से जुड़े हैं—

- पहला है नाटकीय छद्मवेश, इसके अनुसार दूसरे व्यक्ति के व्यवहार या वेश की हू-ब-हू नकल।
- दूसरा है उस नक़ल से सीखना।
- तीसरा है काव्यात्मक प्रस्तुतीकरण और प्रदर्शन के साथ दर्शक/श्रोता के साथ भावनात्मक तादात्म्य।

आगे प्रो. हास्किंस लिखते हैं कि प्लेटो अनुकरण को इसलिए अस्वीकृत करते हैं क्योंकि अनुकरण अपनी विषयवस्तु के साथ अधूरा और अपर्याप्त रहता है, और इसका श्रोताओं पर एक तरह से नकारात्मक और विकृत प्रभाव पड़ता है। अनुकरण के अपर्याप्त होने से प्लेटो का यह मतलब है कि अनुकरण मात्र चीज़ों के प्रस्तुतीकरण और रूप पर ही केन्द्रित रहता है और इसलिए उसका सत्य के साथ सम्बन्ध गौण हो जाता है। प्लेटो के अनुसार अनुकरणीयता सत्य से तीन गुणा दूर है। (जैसा हम पहले बात कर चुके हैं) इसलिए प्लेटो अनुकरण को तर्कहीन मानते हैं। काफ़ी हद तक पोस्ट-टुथ प्लेटो के अनुकरण की संरचना को अपनाता है क्योंकि पोस्ट-टुथ तथ्य पर ध्यान नहीं देता, ये मात्र यथार्थ के एक संस्करण को दर्शाता है, एक ऐसा संस्करण जो अपने परिवेश में स्वयं सार्थक है। पोस्ट-टुथ अनुकरण से एक क़दम और आगे बढ़ता है। अनुकरण जहाँ यथार्थ को द्योतित करने का प्रयास करता है वहीं पोस्ट-टुथ यथार्थ के एक स्वरूप/संस्करण को दर्शाता है।

इसमें कोई आश्चर्य की बात नहीं है कि अनुकरण कला की एक महत्त्वपूर्ण अवधारणा बन चुका है। फ़ेल्डमैन का कहना है कि अनुकरण को केवल कला तक सीमित नहीं रख सकते हैं। चूँकि अनुकरण जीवन की नक़ल का प्रस्तुतीकरण है, इसलिए यह मानवीय प्रतीकात्मक गतिविधि के एक मौलिक गुण को निर्मित करता है। अगर मात्र शारीरिक व्यवहार की नक़ल की बात करें तो अनुकरण भाषा से पहले आता है, बल्कि यह मानव से भी पहले आता है। पोस्ट-टुथ एक ऐसा प्राकृतिक परिवेश रचता है जिसमें ऐसा लगता है कि जो प्रस्तुतीकरण है, जिसे हम दावा कह सकते हैं, वही यथार्थ है। अनुकरण किसी भी वस्तु के प्रस्तुतीकरण और उसी वस्तु के आधारभूत यथार्थ के बीच के सम्बन्ध को सन्दिग्ध (समस्यात्मक) बना देता है। अब सही समय आ गया है कि हम सत्याभास की तरफ़ बढ़ें। सत्याभास अर्थात् सत्य के समान, सत्य नहीं, सत्य के जैसा। सत्याभास का यहाँ ज़िक्र इसलिए कर रहा हूँ क्योंकि यह पोस्ट-टुथ का वाहन बना हुआ है। सत्याभास आपको सत्य का एहसास दिलाता है, और आप उस पर यक़ीं करने लगते हैं, जैसे यही सत्य हो। उदाहरण के लिए कुछ उपन्यास पढ़ते वक़्त हम भूल जाते हैं कि हम सत्य नहीं

बल्कि कहानी पढ़ रहे हैं। डैन ब्राउन अपनी किताब 'द विंची कोड' में जब होली ग्रेल ढूँढ़ने निकलते हैं तब वो जो ईसाइयत का इतिहास बताते हैं, वो पढ़ते वक़्त हम भूल जाते हैं कि हम एक उपन्यास पढ़ रहे हैं, इतिहास नहीं। चन्द्रगुप्त, अशोक या अकबर आदि पर आधारित टीवी शो देखते हुए हम उस किरदार को उस सम्राट से जोड़कर उसी के समान समझने लगते हैं जबकि ऐसा होता नहीं है, वे मात्र उस सम्राट पर आधारित काल्पनिक रचनात्मक चरित है। सत्याभास यही है। पोस्ट-ट्रुथ इसी सत्याभास का सहारा लेकर लोगों की भावनाओं से जुड़ता है और उनके निर्णयों को प्रभावित करने लगता है। पोस्ट-ट्रुथ ऐसे कथ्यों को जन्म भी देता है जो सत्याभास की तरह होते हैं।

विज्ञान की दुनिया में सत्याभास सदैव तर्क का विषय रहा है। इसके बारे में ये विचार रहे हैं कि इसका प्रमुख कार्य है कि यह हमेशा किसी एक सिद्धान्त के पक्ष में रहता है या किसी दूसरे सिद्धान्त की अपेक्षा किसी सिद्धान्त के ज़्यादा क़रीब रहता है। दो पहलू महत्त्वपूर्ण हो जाते हैं, एक जो यह बताता है कि सिद्धान्त वस्तुतः सत्य के समीप है, और दूसरा यह कि अनुभवजन्य प्रमाण के अनुसार इस सामीप्य का अनुमानित मूल्य कितना है। सीधे शब्दों में कहें तो किसी भी चीज़ के होने के पीछे जो कारण है, वो विज्ञान के दिये गये प्रतिरूप से कितने अच्छे से पकड़ में आ जाता है। कोई भी सिद्धान्त अगर बहुत सारे कारण देता है और सारे कारण उचित जान पड़ते हैं तो दिया गया सिद्धान्त सत्याभास के समीप है। और यही स्थिति होती है जब कोई यह समझ जाता है कि सिर्फ़ सत्य का सामीप्य ही संज्ञानात्मक गुण नहीं है, इसके लिए व्याख्यात्मक क्षमता की भी आवश्यकता पड़ती है। यह व्याख्यात्मक क्षमता ही पोस्ट-ट्रुथ का द्वार खोल देती है। व्याख्यात्मक क्षमता अर्थात् किसी चीज़ की व्याख्या करने की क्षमता। यह क्षमता प्राकृतिक विज्ञान से ज़्यादा सामाजिक सम्पर्क को प्रभावित करती है। अगर किये गये दावे की संरचना अच्छी है और यह अगर एक सम्मोहक कथ्य प्रस्तुत करता है तो यह काफ़ी प्रभावी और मज़बूत व्याख्यात्मक क्षमता का प्रयोग करता है, जो कही गयी बात को साबित करने के लिए पर्याप्त होता है। वाक्पटुता वस्तुतः वर्तमान समाज में एक बहुत महत्त्वपूर्ण और प्रभावी कला है। अगर आप अपनी बात को बेहतर और प्रभावी तरीक़े से रख सकते हैं और श्रोता को अपने विचारों में विश्वास दिला सकते हैं तो आप उससे अपनी कोई भी बात मनवा सकते हैं क्योंकि वर्तमान परिवेश में कोई बात सम्पूर्ण सत्य है, ऐसा नहीं कहा जा सकता। वर्तमान परिवेश जहाँ सारी विभाज्य रेखाएँ धुँधली हो गयी हैं

वहाँ आप अपनी वाक्पटुता का प्रयोग करके किसी भी पक्ष को सही और किसी भी पक्ष को ग़लत ठहरा सकते हैं।

मानवीय ज्ञान की अपनी सीमाएँ हैं और इसीलिए सत्याभास सच तक न पहुँच पाने में एक महत्त्वपूर्ण कारक बन जाता है। सत्याभास के अन्दर वह शक्ति होती है कि वह लोगों को विश्वास दिला देता है कि जो वह प्रस्तुत कर रहा है, वही सत्य है और लोग इस छलावे में फँस जाते हैं। वे स्रोतों की पड़ताल नहीं करते, और इसी छल में फँस जाते हैं कि यह सत्य जैसा दिख रहा है, सत्य है नहीं। और कोई सिद्धान्त सत्याभास का सहारा लेकर आगे बढ़ जाता है, और कोई नया सिद्धान्त आकर पुराने सिद्धान्त को स्थानापन्न कर देता है। ये अलग बात है कि दोनों ही सिद्धान्त चाहे वो नये हों या पुराने, सत्य को पूरी तरह नहीं पकड़ पाते। होता बस ये है कि जो नया सिद्धान्त है, वह भी ग़लत ही है बस वह सत्याभासी होता है, और जिस सिद्धान्त को उसने स्थानापन्न किया, वह यह विश्वास नहीं दिला पाता। सत्याभास का व्यावहारिक पक्ष भी है। जब सिद्धान्त का सत्य से सम्बन्ध स्पष्ट नहीं होता, तब इस सत्याभास पर लोग आसानी से यक़ीं कर लेते हैं। वास्तव में एक तरफ़ आनुभविक ज्ञान एक मानक तय करता है जिसके अनुसार सिद्धान्त का मूल्यांकन किया जाता है, दूसरी तरफ़ वह सिद्धान्त जो ग़लत साबित हो चुका है, वो स्वतः अपना मूल्य नहीं खो देता। जो ग़लत सिद्धान्त (नया) है, वो आनुभविक ज्ञान का ऐसा विवरण प्रस्तुत करता है जो दिये गये तथ्यों के वास्तविक विवरण के बहुत समीप होता है, अतः सत्य ही प्रतीत होता है अर्थात् वह सत्य जो ऐसा लगता है कि आदर्श लक्ष्य है। इसीलिए वैज्ञानिक सिद्धान्त ऐसे सिद्धान्तों की खोज करते हैं जो सत्याभास जैसा हो, अर्थात् जो ग़लत ही क्यों न हो पर सत्य के समीप हो। सेवोलानी और शर्टज़ का मानना है कि अधिकतर वैज्ञानिक भली-भाँति जानते हैं कि वो ग़लत भी हो सकते हैं और इस बात को समझते हैं कि स्वीकृत विचार हैं उनमें दोष हैं, लेकिन उन्हें इस बात पर भी पूरा विश्वास है कि सत्य के अन्वेषण की ओर स्वीकृत विचार से बेहतर विकल्प उनके पास नहीं था।

एक तर्क यह हो सकता है कि सर्वश्रेष्ठ वैज्ञानिक ज्ञान भी अगर अपरिवर्तनीय और परम सत्य तक नहीं पहुँच सकता तो फिर पोस्ट-ट्रुथ तो कोई मौलिक विचलन नहीं है। ये बात सत्य है कि पोस्ट-ट्रुथ सत्य और मिथ्या के अन्तर को लेकर काफ़ी उदासीन रहता है, फिर भी अगर हम सत्याभास को देखें जो हमें अनुभवित ज्ञान के व्यावहारिक व्याख्यात्मक मूल्य की ओर ध्यान देने को कहता है, तो पोस्ट-ट्रुथ भी परिवेश को अलग तरीक़े से व्याख्यायित करने का प्रयास करता है

और व्यावहारिक निर्देशन प्रदान करता है। यह हमें किसी चीज़ के अन्दर क्या क्षमता है, इसको समझने के लिए एक दूसरी समझ का रास्ता दिखाता है। वैज्ञानिक ज्ञान हमें ये बताता है कि कोई चीज़ है क्या और पोस्ट-ट्रुथ ज्ञान हमें ये बताता है कि कोई चीज़ क्या कर सकती है। पोस्ट-ट्रुथ हमारे सामने चीज़ों का विकराल रूप दर्शा देता है। ज़मोरा बोनिल्ला का मानना है कि वैज्ञानिक सिद्धान्त की विशेषताएँ कुछ-कुछ कथ्यों से मिलती-जुलती हैं, क्योंकि कोई भी सिद्धान्त तथ्य की खोज के बारे में उतना नहीं होता जितना संसार के नियम और अनियमितताओं के बारे में होता है। किसी भी सिद्धान्त का मीमांसक मूल्य दो बात पर निर्भर करता है, पहला ये है कि कोई भी सिद्धान्त के द्वारा दिये गये संसार के दृश्य में और पहले से ज्ञात चीज़ों की अनुभवजन्य नियमितता से कितनी समानता रखते हैं, और दूसरा संसार के बारे में ज्ञान की मात्रा जो नियमितता प्रदान करे। सीधे शब्दों में कहें तो अब उसी ज्ञान का मूल्य है जो हमारे पूर्वज्ञ अनुभवों को ठेस न पहुँचाए और इस संसार को नियमित करने में सहायक हो। उसके अलावा बाक़ी सारे ज्ञान न तो स्वीकार्य हैं, न उनका कोई मोल है। उदाहरणतः निकोलस कॉपरनिकस ने जब यह कहा कि पृथ्वी सूर्य के चारों ओर घूमती है तो वह तत्कालीन समाज के अनुभवित ज्ञान से एकदम उलटी बात थी, और इसलिए उस ज्ञान का पुरज़ोर विरोध हुआ और उसे फाँसी दे दी गयी। गैलीलियो ने भी आगे जाकर जब यही बात की तो उसे भी मृत्युदंड दिया गया था, जिस कारण वह अपनी बात से मुकर गया। देखा जाये तो ये दोनों ही ऐसा ज्ञान प्रतिपादित कर रहे थे जो सत्य भी था, और समाज के लिए आवश्यक भी, परन्तु यह ज्ञान लोगों के उस अनुभवित ज्ञान और भावनाओं को सीधी टक्कर दे रहा था। साथ ही, यह चर्च और धर्म के लिए भी एक चुनौती थी जिस कारण इस महत्त्वपूर्ण ज्ञान और प्रतिपादक दोनों को ही एक साज़िश के तहत ख़त्म कर दिया गया। अगर इस ज्ञान को ख़त्म नहीं किया जाता तो यह चर्च के नियन्त्रण के लिए ख़तरा बन सकता था। चर्च, जिसने अपने आप को सर्वोच्च प्राधिकार घोषित कर रखा था, और जिसका वचन ही अन्तिम सत्य माना जाता था, अगर उसका यह मूल सिद्धान्त कि, 'पृथ्वी ही ब्रह्माण्ड का केन्द्र है' अगर ग़लत सिद्ध हो जाता, तो लोगों की आस्था उस पर से डिगने लगती और उसकी सत्ता पर प्रश्न उठने लगते। मात्र इसीलिए उस ज्ञान को उस वक़्त महत्त्व नहीं दिया गया। लेकिन विचार विषाणु की तरह होता है, वह अगर एक बार उदित हो गया तो फैलेगा अवश्य, भले ही तत्काल में दब जाये पर वह उचित समय और परिस्थितियाँ आने पर वापस सर उठायेगा और सम्पूर्ण संसार में फैल जायेगा, और हुआ भी यही।

इस बात को और समझने के लिए औपनिवेशिक काल की तरफ़ देखते हैं, उस दौर में ऐसे सभी विचारों और ज्ञान को दबा दिया गया जो उनका पक्ष नहीं ले रहे थे या उनकी सत्ता को चुनौती दे रहे थे और ऐसे विचारों को प्रश्रय दिया गया जो उनकी सत्ता को किसी कारण से सही ठहरा रहे थे। यहाँ तक कि वनस्पति विज्ञान विभाग को स्थापित किया गया, और उसके ज्ञान को महत्त्वपूर्ण बनाया गया और इस सबके पीछे की राजनीति ये थी कि यह उनकी सत्ता को पुष्ट कर रहा था। भारतीय वनस्पतियों के ऊपर प्रयोग कर और उनकी औषधीय और अन्य गुणों का इस्तेमाल कर तत्कालीन ब्रिटिश समाज ने विश्व भर से दौलत कमायी और निवेश को आमन्त्रण दिया। हम सब जानते हैं कि वैज्ञानिक ज्ञान और उपनिवेशवाद का बहुत गहरा सम्बन्ध है, उदाहरण के लिए हम सुजनन (eugenics) को देख सकते हैं। यूजीनिक्स 'नस्लीय सुधार' और 'नियोजित प्रजनन' का वैज्ञानिक रूप से असंगत और अनैतिक सिद्धान्त है, जिसने 20वीं शताब्दी की शुरुआत में लोकप्रियता हासिल की। दुनिया भर में सुजननवादियों (eugenicist) का मानना था कि वे मनुष्यों को दोषहीन बना सकते हैं और आनुवंशिकी और आनुवंशिकता के माध्यम से तथाकथित सामाजिक बुराइयों और नस्लीय दोषों को ख़त्म कर सकते हैं। इसी तरह हम देख सकते हैं, अंग्रेज़ी भाषा जो वर्तमान समाज में ज्ञान का समानार्थी समझा जाता है। औपनिवेशिक काल की यह हमें देन है, हम अब तक उस मानसिकता से निकल नहीं पाये हैं।

मज़ेदार बात यह है कि एक ही सत्य के अनुभव के लिए अलग-अलग कथ्य उपलब्ध हैं। पोस्ट-ट्रुथ भी प्रभावी होने के लिए यही करता है। वो इस चीज़ पर ध्यान देता है कि उपभोक्ता संसार के बारे में कितना जानता है, और फिर उसके अनुसार 'फ़िट' होने की कोशिश करता है। उसे इससे बिल्कुल भी मतलब नहीं होता कि उपभोक्ता के उस ज्ञान में सत्य कितना है। यह ज्ञान के बारे में अधिकतम व्याख्याएँ उपलब्ध कराता है और इस तरह उपलब्ध कराता है कि वह उपभोक्ता को उचित लगे। अलग-अलग ज़रूरतों और अलग-अलग चिन्ताओं को सम्बोधित करते हुए अलग-अलग कथ्य हैं, और वो कथ्य ऐसे होते हैं कि उनकी तुलना भी नहीं की जा सकती। हर उपभोक्ता की चिन्ता कुछ और होती है तो उनके अनुभव के हिसाब से हर कथ्य अलग होगा, और यह अलग कथ्य अलग तरह के मुद्दों की बात करता होगा, इसीलिए उनमें तुलना नहीं की जा सकती। मज़ेदार बात यह है कि एक ही सत्य के अनुभव के लिए अलग-अलग कथ्य उपलब्ध हैं। वर्तमान समाज में कोई

यह भी नहीं कह सकता कि कोई मुद्दा किसी मुद्दे से ज़्यादा महत्त्वपूर्ण है क्योंकि यह पदानुक्रम ख़त्म हो चुका है, अतः सारे कथ्य, सारे पक्ष अपनी जगह मान्य हैं।

वैज्ञानिक और कलात्मक सत्याभास दोनों में जो सत्य और अनुभूति का अन्तर है, वह समान है। लेखक के दृष्टिकोण से देखें तो सत्याभास की उपलब्धि होती है एक तरह की परिचय की भावना प्रदान करना, यथार्थ की भावना को महसूस करना और सत्य को महसूस करने जैसा, जो कि कथा साहित्य में बहुत बेहतर तरीक़े से प्रयोग होता है। लेखक के लिए बहुत मुश्किल हो जाता है अपने सत्य को ज़ाहिर करना, भाषा का प्रयोग करके जो कि संचार का सांकेतिक माध्यम है। इस कमी से उबरने का एक ही तरीक़ा है कि पाठक वर्णित यथार्थ की कल्पना कर ले, जिससे उनके अन्दर सत्याभास की भावना आ जाती है। यहाँ यह समझना आवश्यक है कि सत्याभास ही पाठक को आकर्षित करने का प्रमुख कारण बन जाता है। इसलिए इस बात में कोई आश्चर्य नहीं होना चाहिए कि कथ्य का निर्माण करने में सत्याभास का बहुत बड़ा हाथ है। सत्याभास लक्षित उपभोक्ता वर्ग की प्रकृति और ज़रूरतों के जितना क़रीब होगा, उतने अच्छे से उसका कथ्य उन तक पहुँचेगा।

सिसरो के समय ये देखा गया कि कुछ परिस्थितियों में लोकप्रिय ख्याति सत्य को प्रतिस्थापित कर देती है, और अपने आप में एक साक्ष्य का रूप ले लेती है। इसको और बेहतर समझने के लिए हम भारत का ही उदाहरण ले सकते हैं। भारत की छवि विश्व में एक ग़रीब, बीमारियों से भरे, जंगली जानवरों के साथ रहने वाले, असभ्य सपेरों के देश की थी, परन्तु यह सत्य तो नहीं था। हाँ, इसके तत्त्व सही थे, हमारे देश में बीमारियाँ थीं, पर उनके प्राकृतिक आयुर्वेदिक इलाज भी थे, हमारे पास जंगल थे और जंगली जानवर भी, और हम उनके साथ एक सहजीवी परिवेश में रहते थे, हम उनके हिसाब से अनपढ़ हो सकते हैं, पर हमारी अपनी ज्ञान परम्परा थी, जिसमें नैतिक-मानवीय मूल्यों और आध्यत्मिकता का समावेश था और साँप हमारी संस्कृति का एक अभिन्न हिस्सा थे, परन्तु इसके अलावा और भी बहुत कुछ हमारे पास था। यह सारा हिसाब कथ्य का था, इन तत्त्वों को लेकर किस तरह की कहानी बुनी गयी, यह छवि उस पर निर्भर करती थी। लोकमत और अफ़वाह ग़लत हो सकते हैं, भ्रामक हो सकते हैं लेकिन वो भी समाज की आम राय को प्रस्तुत करते हैं, और क्विंटिलियन का मानना है कि इसलिए उनको भी लोक साक्ष्य की तरह ही महत्त्व दिया जाना चाहिए। कला इसमें नहीं है कि तर्क कैसे रचें, मुख्य लक्ष्य होता है, उनका लोक में ऐसे प्रयोग करना जिससे वह विश्वसनीय और तर्कसंगत लगे।

कथ्य उपभोक्ता को तभी सम्भाव्य लगेगा, अगर उसका विषय लोक-व्यवहार और अपेक्षा के अनुरूप हो।

इसी तरह वक्रपटुता एक पूर्णतः प्रयोजनवादी कार्यकलाप है जिसका उद्देश्य होता है कि वो श्रोताओं पर उद्दिष्ट प्रभाव डाल सके। वह साधन पर बिल्कुल ध्यान नहीं देती, परिस्थितियों के हिसाब से साधन का चुनाव किया जाता है। परिणामस्वरूप तथ्य और सत्यापन जैसी चीज़ें गौण हो जाती हैं। सत्य और मिथ्या का तर्क कोई अन्तर उत्पन्न नहीं करता, उनका मतलब मात्र सत्य के स्वरूप से होता है। कथ्य को जितना सत्य की तरह लिया जायेगा, वो हमें उतना ही पोस्ट-ट्रुथ संचार के मुख्य सिद्धान्त की तरफ़ ले जायेगा। ऐसे दावे जो सत्याभास से आते हैं, वो सत्य न होकर भी सत्य जैसा ही प्रभाव डालते हैं। अगर दावा भावनाएँ जोड़ लेता है या ऐसी भावनाएँ उत्प्रेरित करता है जो सत्य ही कर सकता था, तो उसे सत्य ही मान लिया जाता है। क्योंकि अनुभव काल में यदि कोई बात अनुभवात्मक और भावनात्मक रूप में बोधगम्य है तो वह साक्ष्यात्मक रूप से भी बोधगम्य समझी जाती है। इसीलिए अगर किसी भी चीज़ का बनाया गया सत्य हमारे अन्दर वो भावना ला सकता है जो उसका असल सत्य ला सकता है तो वह दावा सत्य बन जाता है।

अनुकरण और सत्याभास किसी भी कथ्य के मुख्य अंग होते हैं, और पोस्ट-ट्रुथ भी कोई अपवाद नहीं है। मनुष्य जीवन को जीने की शैली में कथ्य का सर्वाधिक महत्त्व है। इसमें कोई सन्देह नहीं है कि कथ्य की व्यक्तिगत और सामाजिक जीवन को जोड़ने में एक प्रमुख भूमिका है। रोज़मर्रा की ज़िन्दगी में हम दूसरों के साथ कैसे व्यवहार करते हैं, ये हमारी कथ्य की समझ पर निर्भर करता है। हम दूसरों से व्यवहार करते समय यह ध्यान रखते हैं कि हमारे बीच का समान कथ्य क्या है और क्या नहीं। कथ्य एक व्याख्यात्मक कार्य करता है जिसमें विगत चीज़ें होती हैं जो वर्तमान को व्याख्यायित और तटस्थ करती हैं और भविष्य को भी प्रारूपित करती हैं। कथ्य के द्वारा यह जो महत्त्वपूर्ण भूमिका निभायी जाती है, वह यही बताती है कि मानव के अन्दर कथ्य में सोचने की एक प्राकृतिक प्रवृत्ति होती है। हम हमेशा तर्कसंगत या यूँ कहें कि विधि विन्यास में नहीं सोचते। हम लगभग एक कथ्य संरचना में काम करते हैं और हमारी आदत ही उसी संरचना से विकसित होती है। बाल्डविन का मानना है कि हम मनुष्यों को कथ्य जीव कह सकते हैं क्योंकि वे कहानियों से ही अपने व्यक्तित्व का निर्माण करते हैं।

शेन्हाव का कहना है कि मनोवैज्ञानिक अनुसन्धान के अनुसार लोग कथ्य की संरचना में ही सोचते हैं, समझते हैं, कल्पना करते हैं और नैतिक फ़ैसले

भी लेते हैं। कथ्य ही हमें एक स्पष्ट प्रारूप या संरचना देता है कार्य, उद्देश्य, अपेक्षाओं और अर्थ के लिए। और इस कथ्य की संरचना से ही हम अपने वर्ग, मित्र या शत्रु को देख पाते हैं, उन्हें तय कर पाते हैं। इसलिए इसमें ज़रा भी आश्चर्य नहीं होना चाहिए। अगर बहुत सारे कथ्य हमारे सामने रखे जायें तो हम उनमें से वही कथ्य चुनेंगे जो परिस्थिति की बेहतर व्याख्या करे, दूसरे शब्दों में कहें तो यह कथ्य जो ज़्यादा सत्याभासी होगा। बस यह कह देना कि पोस्ट-ट्रुथ का दावा मज़बूत करने के लिए व्याख्यात्मक क्षमता पर्याप्त है, यह सही नहीं होगा। पोस्ट-ट्रुथ कथ्य के लिए महत्त्वाकांक्षा की भी ज़रूरत पड़ती है जो एक विशेष उद्देश्यात्मक प्रभाव डालता है। कोई भी किसी कथ्य में विश्वास या निवेश इसीलिए करता है कि वह वर्तमान स्थिति से छुटकारा पाना चाहता है और उसे उस कथ्य में एक भविष्य दिखायी देता है जो उसकी महत्त्वाकांक्षा को आगे ले जाता है और उसे यह महसूस कराता है कि वह फिर से अच्छा कर पायेगा और गर्वित हो सकेगा। इसलिए वह उस कथ्य विशेष में अपनी भावनाएँ निवेश करता है। व्यक्तिगत स्तर पर, कथ्य को कभी मात्र निष्पक्ष तथ्यों का संग्रहण नहीं समझना चाहिए। इसके बजाय लोग घटनाओं को अर्थप्रद अनुभूतियों में बदल देते हैं जो उनके भविष्य के व्यवहार निर्देशित करता है, और लोगों से जुड़ने का प्रयास करता है।

व्यक्तिगत स्तर पर, कथ्य को कभी मात्र निष्पक्ष तथ्यों का संग्रहण नहीं समझना चाहिए। इसके बजाय संस्थाएँ घटनाओं को अर्थप्रद अनुभूतियों में बदल देती हैं जो उनके भविष्य के व्यवहार निर्देशित करती हैं, और इस तरह वह लोगों से जुड़ने का प्रयास करती हैं, और वह व्यक्ति और घटना दोनों को समझने का प्रयास करती हैं। और ये जो दिलचस्प कथ्य रचा जाता है, वह आवेशपूर्ण होता है। कथ्य संज्ञान और प्रभाव का सम्बन्ध होता है जो एक उत्प्रेरक कथ्य रचने में मदद करता है। इसलिए भावना इन सबमें प्रमुख भूमिका निभाती है। हालाँकि कथ्य चाहे वो व्यक्तिगत ही क्यों न हो, या फिर व्यक्तिगत स्मृति से ही क्यों न जुड़ा हो, ये एक पारस्परिक कार्य होता है। इसको ऐसे नहीं समझना चाहिए कि व्यक्तिगत कथ्य का सम्बन्ध किसी बाहरी घटनाओं से या किसी और से नहीं है। व्यक्तिगत कथ्य भी शक्ति सम्बन्ध के मध्य ही स्थित होता है। चूँकि इस बात से इनकार किया ही नहीं जा सकता कि कुछ लोग अपने कथ्य को हाशिये पर पाते हैं। वहीं दूसरी ओर कथ्य नेतृत्व विरोधी भूमिका भी अदा करता है। वो वर्तमान स्थिति को पलट सकता है, और एक नया कथ्य सामने लाता हैं। इसलिए पोस्ट-ट्रुथ को उद्धार के एक नये रास्ते की तरह भी देखा जा सकता है, जो सिर्फ़ इस बात का खण्डन मात्र ही नहीं करता

कि किसी भी चीज़ को जानने-समझने का विधिवत् तरीक़ा क्या है बल्कि किसी चीज़ को समझने का प्रभावात्मक तरीक़ा भी हो सकता है।

कथ्य का सामूहिक पक्ष मिथक रचना भी है जो सामाजिक परिवेश को पुख़्ता करने में भी योगदान देता है। राजनीति में मिथक दृष्टिकोण और मत तय करने में एक महत्त्वपूर्ण भूमिका अदा करते हैं। इसके अलावा मिथक सामाजिक-राजनीतिक परिवेश में हमारी प्रतिक्रिया भी तय करते हैं, वह यह भी तय करते हैं कि उस परिवेश में हमारी कार्यशैली क्या होगी और कैसे होगी? मिथक एक उद्देश्यात्मक और व्यावहारिक कार्य करते हैं। जैसा कि हम जानते हैं कि उद्देश्यात्मक कार्य का मतलब है कि ध्यान मात्र साध्य पर हो साधन पर नहीं। इसीलिए कहा जाता है कि मिथक उद्देश्यात्मक होते हैं तो उसका अर्थ यह हुआ कि राजनीतिक मिथक वर्तमान पर इस तरीक़े से भविष्य को लक्ष्य करके कार्य करता है कि वह भविष्यवाणी बन जाये, ऐसी भविष्यवाणी जो स्वत: पूर्ण हो। देखा जाये तो मिथक को कहानियों, धोखे और ग़लती से जोड़ा जाता है परन्तु इसका एक उद्देश्य और है जिसे नज़रअन्दाज़ कर दिया जाता है, वह है मिथक के अन्दर प्रभावपूर्ण होने की महत्त्वाकांक्षा, वह प्रभावपूर्ण होने का ढोंग करता है और ऐसे रास्ते दिखाता है जैसे वो सत्य बता रहा हो। बोटीसी का मानना है कि मिथक का ध्येय संसार के बारे में विस्तारपूर्ण और दोषरहित बातें बताना नहीं है बल्कि संसार का अभिसंस्करण देना होता है। मिथक मानव की अव्यवस्था को न्यून करने और अज्ञात को क़ाबू में कर लेने के अथक प्रयास का परिणाम है।

मिथक मात्र दुनिया की व्याख्या नहीं करता बल्कि विश्व की जटिलता के अनुसार विकसित होता रहता है और हमेशा प्रासंगिक बना रहता है। अत: मिथक एक ऐसा कथ्य है जो लोगों को उद्देशिक कार्य के लिए प्रेरित करता रहता है। संस्थाएँ या समूह विशेष, मिथक का प्रयोग अपने निजी हित को साधने और अपने कार्यों को न्यायोचित ठहराने के लिए करते हैं। महर्षि वाल्मीकि के रामायण और तुलसी के रामचरितमानस में कई असमानताएँ हैं और उन दोनों के राम के चित्रण के तरीक़े में भी भिन्नता है। इतना ही नहीं इसके अलावा देश के अलग-अलग हिस्सों की रामकथाओं में भी भिन्नताएँ हैं। महर्षि वाल्मीकि ने लव-कुश काण्ड अच्छे से चित्रण किया है जबकि तुलसीदास जी ने इसके बारे में कोई चर्चा नहीं की है। वर्तमान में 'रामायण' और 'महाभारत' के पात्रों को लेकर अलग-अलग तरह की कहानियाँ और उपन्यास रचे जा रहे हैं जिनमें लेखक की अपनी दृष्टि और अपने विचार के अनुसार वह पात्र ढले होते हैं। इसी तरह वर्तमान समाज में नशापान करने

वालों ने शिव की चिलम पीती हुई तस्वीर काफ़ी प्रचलित कर दी है और शिव का ज्ञानी रूप उसके पीछे छिप गया है। उन्होंने अपने लत के पक्ष में शिव का तर्क दिया है। इस तरह सभी मिथक व्यक्तिगत हितों के अनुसार आज भी प्रासंगिक बने रहते हैं। मिथक वस्तुतः पोस्ट-ट्रुथ के पूर्ववर्ती है।

कथ्य का व्यक्तिगत स्तर पर बहुत महत्त्व है क्योंकि हर कोई अपनी पहचान दृढ़ता के साथ रखना चाहता है। वो कथ्य की मदद से अर्थ पर नियन्त्रण साबित करता है। प्रभावी तरीक़े से देखा जाये तो हर किसी को समाज से, स्वयं से, पहचान से, याद रखने से, भूलने से और कथ्य जैसे जटिल परस्पर क्रियाओं से समझौता करना पड़ता है, जिसके तहत हम साथ-साथ निर्मित किये जाते हैं और कहानियों के कथ्य द्वारा ख़ुद का भी निर्माण करते रहते हैं। ये केवल एक बार फिर से उदाहरण देकर स्पष्ट कर देता है कि क्यों कथ्य का महत्त्व है और एक तरह से व्यक्तिगत सच्चाई भी रखता है। ये तथ्यीय सच्चाई से स्वतन्त्र होता है। लोग जब इसको एक बार अपना लेते हैं तो उनके लिए यह महत्त्वपूर्ण बन जाता है, फिर उनके लिए यही सच होता है। कथ्य व्यक्तिगत स्तर पर भी बहुत महत्त्वपूर्ण है। ऐसा इसलिए क्योंकि हर व्यक्ति को अपनी पहचान अभिपुष्टित या दृढ़ करनी होती है जिसके लिए उसे अर्थ पर यानी कि उनके आशय पर नियन्त्रण चाहिए होता है। वह चाहते हैं कि कथ्य की मदद से वह अपनी पहचान को विशिष्ट बना सकें, यह विशिष्टता या दृढ़ता उनके लिए बहुत आवश्यक होती है। प्रभावी तरीक़े से देखा जाये तो हर किसी को समाज, स्व, व्यक्तित्व, स्मरण और विस्मरण जैसे जटिल मुद्दों से जूझना पड़ता है, जिसके द्वारा हमारा निर्माण किया जाता है और कहानियों और कथ्य के माध्यम से हम स्व का भी निर्माण कर रहे होते हैं। यही दर्शा देता है कि कथ्य का कितना महत्त्व है और क्यों। ये व्यक्तिगत सत्य पर भी निर्भर करता है, जो तथ्यात्मक सत्य से स्वतन्त्र होता है। एक बार लोग जिस कथ्य पर यक़ीं कर लेते हैं, वही उनके लिए महत्त्वपूर्ण बन जाता है और वही सत्य भी। ऐसा होने पर भी हम हमेशा कथ्य नहीं बदल सकते क्योंकि वही हमारे अस्तित्व का रास्ता है, जीवन का तरीक़ा है, वही हमारे परिवेश का मुख्य दृष्टिकोण है, उसे हम नित्य परिवर्तित नहीं कर सकते। और ये तो सर्वमान्य तथ्य है कि अगर 'स्व' का सुसंगत चित्रण न किया जाये तो यह उसके स्व की क्षति होगी।

कथ्य व्यक्तिगत स्तर पर भी बहुत महत्त्वपूर्ण है। ऐसा इसलिए क्योंकि हर व्यक्ति को अपनी पहचान अभिपुष्टित या दृढ़ करनी होती है जिसके लिए उन्हें अर्थ पर यानी कि उनके आशय पर नियन्त्रण चाहिए होता है। वह चाहते हैं कि कथ्य

की मदद से वह अपनी पहचान को विशिष्ट बना सकें, यह विशिष्टता या दृढ़ता उनके लिए बहुत आवश्यक होती है। प्रभावी तरीक़े से देखा जाये तो हर किसी को समाज, स्व, व्यक्तित्व, स्मरण और विस्मरण जैसे जटिल मुद्दों से जूझना पड़ता है, जिसके द्वारा हमारा निर्माण किया जाता है और कहानियों और कथ्य के माध्यम से हम 'स्व' का भी निर्माण कर रहे होते हैं। यही दर्शा देता है कि कथ्य का कितना महत्त्व है और क्यों। ये व्यक्तिगत सत्य पर भी निर्भर करता है, जो तथ्यात्मक सत्य से स्वतन्त्र होता है। एक बार लोग जिस कथ्य पर यक़ीं कर लेते हैं, वही उनके लिए महत्त्वपूर्ण बन जाता है और वही सत्य भी। ऐसा होने पर भी हम हमेशा कथ्य नहीं बदल सकते क्योंकि वही हमारे अस्तित्व का रास्ता है, जीवन का तरीक़ा है, वही हमारे परिवेश का मुख्य दृष्टिकोण है, उसे हम नित्य परिवर्तित नहीं कर सकते। और ये तो सर्वमान्य तथ्य है कि अगर 'स्व' का सुसंगत चित्रण न किया जाये तो यह उसके स्व की क्षति होगी। पोस्ट-ट्रुथ प्रायः दुनिया की पूर्व धारणाओं पर आश्रित होता है और 'स्व' को सांसारिक धारणाओं के नज़दीक लाने का प्रयास करता है। स्व, वस्तुतः कोई सत्ता नहीं एक भाव की अवस्था है। मनुष्य का 'स्व' एक जटिल बहुआयामी संरचना है जो विश्वास, मनोवृत्ति और सूचनाओं का समावेश होता है, और इन सूचनाओं को समझने और उनको संसाधित करने के लिए एक योजनाबद्ध ढाँचा तैयार करता है। 'स्व' आसानी से प्रधिनित्ववादी स्वरूप अख़्तियार कर लेता है। आख़िरकार जीवन का मात्र होना ही आवश्यक नहीं है बल्कि उसे प्रभावी तरीक़े से दर्शाना भी आवश्यक होता है। और आज के मीडियाकृत परिवेश में ये 'स्व' प्रतिनिधित्व या स्वानुकरण, प्रभावी आदान-प्रदान के द्वारा अपने आप को सामजिक परिवेश में बनाये रखने का मुख्य रास्ता है। 'स्व' को, स्वयं को प्रस्तुत करने में भविष्य में भी प्रस्तुत करने के लिए, भावों को प्रदर्शित करना और उसके लिए कोशिश करना बहुत आवश्यक होता है। और एक बार में अगर हम इसे स्वगत कर लें तो सब कुछ बोधगम्य हो जाता है। इस प्रसंग में देखें तो जब हम अपने अतीत का आह्वान करते हैं तो यह अपने अतीत के पुनर्निर्माण का एक प्रयास होता है और ये हमारे वर्तमान स्व के अनुरूप होता है। जो यह वर्तमान 'स्व' और पुनर्निर्मित गत 'स्व' होता है, ये स्वयं में भविष्य 'स्व' की कल्पना करता है। कहने का अर्थ यह है कि सब कुछ वैसा ही होगा जैसा आपने अपने लिए सोचा है और उसके लिए कार्य किया है। इसीलिए एक सुसंगत 'स्व' को बनाये रखना आवश्यक है। दृष्टिकोण तो प्रायः बदलते रहते हैं। इसलिए वर्तमान के स्थिर और स्थायी होने के लिए अतीत को ढाला जाता है ताकि वह वर्तमान स्थिति और वर्तमान 'स्व' को निर्देशित कर सके।

वो लोग जो वर्तमान को बदलना चाहते हैं, चाहे वह उन्नति की तरफ़ हो या अवनति की तरफ़, वह अतीत को ऊर्ध्वगामी या अधोगामी रूप में दोहरायेंगे। स्मृति को या आत्मकथात्मक ज्ञान को दुबारा पलटकर देखेंगे ताकि आवश्यक लक्ष्य या स्व-छवि की पुष्टि की जा सके, उसका समर्थन किया जा सके। असल में एक बार हम अगर मोहक कथ्य से जुड़ जायें, जिसे सत्य मानने के लिए हम उद्यत हों तो हम अपने अन्तस् के स्व का संशोधन करने के लिए वह सब कुछ करेंगे जो हमारी शक्ति में है, और उस कथ्य को सत्यआभासी बने रहने देंगे।

'स्व' जो होता है, वो स्मृति के द्वारा सक्षम होता है या बना रहता है। अतीत में जो स्व का ज्ञान होता है, उसे ही भविष्य में योजित किया जाता है, जिसमें स्मृतियाँ उसे संरक्षण, निरन्तरता और स्व का संवर्द्धन प्रदान करती हैं। हालाँकि यह स्मृतियाँ भी व्यक्तिगत और आत्मकथात्मक होती हैं, साथ ही वह बहुपरतीय होती हैं और उनकी सारी परतें ख़ुद को एक साथ प्रकट करती हैं। इसलिए जब किसी चीज़ का पूरा लेखा-जोखा प्रस्तुत किया जाता है चाहे वो व्यक्तिगत अनुभव हो, समाचार हों या कोई घटना जो किसी के द्वारा बतायी गयी है वो सब मिल-जुलकर एक कहानी बन जाती है और फिर उन्हें अलग कर पाना मुश्किल होता है। और सच पूछा जाये तो सारी आत्मकथात्मक स्मृतियाँ एक समान सजीव नहीं होतीं, उनका प्रभाव वर्तमान पर एक समान हो, यह सम्भव नहीं है। उनका ही असर पड़ता है जिनके वर्णन विस्तृत होते हैं। जिनके पास सूचनाएँ होती हैं जो किसी भी व्यक्ति के मानस पटल पर अंकित हो जायें। मीडियाकृत परिवेश में पोस्ट-ट्रुथ इस तरह की स्मृतियों का फ़ायदा उठाकर व्यक्ति को प्रभावित करती हैं। ऐसी स्थिति जिसमें डिजिटल समाज की प्रभावोत्पादन में बड़ी भूमिका है, सत्य और पोस्ट-ट्रुथ दोनों एक साथ सामने खड़े हो जाते हैं, तब दोनों में अन्तर कर पाना कठिन हो जाता है। सच कहें तो पोस्ट-ट्रुथ एक क़दम आगे होता है क्योंकि व्यक्तिगत स्मृतियों की परतें जो उस वक़्त व्यक्ति पर प्रभाव डालती हैं, उसको नये तरीक़े से उस स्थिति में एक बार फिर से निर्मित किया जा सकता है।

हालाँकि स्मृतियों की विशेषता को व्यक्तिगत कहकर सीमित नहीं करना चाहिए। वास्तव में अगर देखा जाये तो जब हम किसी चीज़ को याद करने का प्रयास करते हैं तो व्यक्तिगत को सामूहिक से पृथक् करना कठिन हो जाता है। और यह सामूहिक स्मृति, सामूहिक अतीत का एक संस्करण है जिसका आह्वान वर्तमान में, वर्तमान को देखते हुए किया जाता है। सामूहिक आयाम के कारण, इस तरह की स्मृतियाँ कौन अपने समूह का है और कौन दूसरे समूह का है को ट्रिगर करने का

काम करती हैं। इसीलिए जब लोगों को लगता है कि सामने वाले का अतीत जिस तरह से वो पेश करता है, उसमें उसका अतीत भी सम्मिलित है तो वह उसके वर्ग में शामिल हो जाता है और जिसका उस अतीत में हिस्सा नहीं होता, वो दूसरे वर्ग का हो जाता है। ये स्वतः ही लोगों को वर्गीकृत करने में योगदान दे देता है कि किससे उनका सम्बन्ध जुड़ता है और किससे नहीं, जो इस पर निर्भर करता है कि किससे इनकी स्मृतियाँ मिलती हैं किससे नहीं। क्योंकि स्मृति और संज्ञान कथ्य के द्वारा संरचित होते हैं। जिन श्रोताओं/दर्शकों को लक्षित किया जाता है। वो उनके कथ्य को आसानी से अपना लेते हैं क्योंकि उनमें उन्हें अपनी स्मृतियों की झलक देखने को मिलती है। एक बार ये हो गया तो उसी दावे को दर्शक/श्रोता वर्ग मानना शुरू कर देगा और वही दावा दर्शक/श्रोता वर्ग को और अभिनेता को एक ही अस्तित्व में बाँध देगा। साझे अस्तित्व की वजह से लक्षित श्रोता/दर्शक को उसकी विश्वसनीयता पर सन्देह नहीं होगा। यह माहौल पोस्ट-ट्रुथ के पक्ष में होगा जिसको वो भुना सकेंगे।

अतीत की कोई भी व्याख्या का प्रभुत्व स्थापित करने में पोस्ट-ट्रुथ का हाथ होता है। समाज उसी व्याख्या को सत्य मानने लगता है, और अब तक के ज्ञान को ग़लत या झूठ मानने लगता है क्योंकि वह आभासी सत्य उसके मत को पुष्ट करता है। वर्तमान मीडियाकृत परिवेश में यह काम पोस्ट-ट्रुथ बहुत कुशलता से कर लेता है। पूर्व में हम यह चर्चा कर चुके हैं कि कैसे वित्तीय और अन्य साधनों की मदद से किसी भी कथ्य को समाज में प्रचारित-प्रसारित किया जा सकता है। ये वो कथ्य होते हैं जो कभी हाशिये पर थे और उनकी वही खीझ, वही फ्रस्ट्रेशन यहाँ वर्तमान समय में बाहर फूट पड़ती है। ये वो ख़ारिज की गयी स्मृतियाँ होती हैं जिन्हें मुख्य प्रभुत्व में जगह नहीं दी गयी। पोस्ट-ट्रुथ के स्पृहात्मक प्रकृति की वजह से स्मृतियों के कुछ अंश जो रह जाते हैं, वो स्वतन्त्र हो जाते हैं और धीरे-धीरे मुख्यधारा का अंग हो जाते हैं।

अब बात ये है कि सोशल मीडिया की इसमें क्या भूमिका होती है? जैसा कि हम सब जानते हैं कि लोग कुछ बातें आसानी से सुन लेते हैं क्योंकि वो कथ्य प्रभावी मुख्यधारा में होता है। लोकवृत्त अर्थात् टीवी, समाचार-पत्र और पत्रिकाओं में जिन्हें स्थान नहीं मिलता, सोशल मीडिया ऐसे विचारों और आवाज़ों को फ़ेसबुक, ट्विटर, व्हाट्सएप, ब्लॉग्स जैसे विविध डिजिटल मंचों के द्वारा उन्हें बाहर निकलने का मौक़ा देते हैं और लोग आसानी से हाशियाकृत कथ्यों को जनता के बीच ला सकते हैं। ये वो मंच होते हैं जिस पर लोग अधिकतर अपने मनोभाव और अपनी भावनाएँ उड़ेलते हैं, साथ ही यह मंच उन्हें स्व प्रस्तुतीकरण का मौक़ा भी देता है।

पोस्ट-ट्रुथ कथ्य, जिन्हें हम कुछ हद तक कह सकते हैं कि हाशियाकृत थे, वे अपने समर्थकों को एकजुट करने में समर्थ हो जाते हैं, और सब एक ही लयताल में सुर लगाने लगते हैं। वो सारे समर्थक एक अलग ही आत्मविश्वास के साथ उस कथ्य को बनाये रखते हैं, और पोस्ट-ट्रुथ वृत्त को और बड़ा कर देते हैं।

मीडियाकृत पोस्ट-ट्रुथ समूहों/वर्गों में एक तरह का विरोधाभास देखा जा सकता है। एक तरफ़ तो ऐसा लगता है कि लोग एक-दूसरे से बहुत ही शिथिलता से जुड़े हुए हैं, वहीं दूसरी तरफ़ एक मज़बूत सम्बन्ध भी दिखता है जो कभी कहीं नहीं था। मीडियाकृत परिवेश में बहुत ही निम्न स्तर का भावनात्मक आदान-प्रदान भी किसी से जुड़ने के लिए पर्याप्त होता है। कभी हम अगर किसी को टेक्स्ट मैसेज भी कर देते हैं तो ऐसा लगता है कि एक-दूसरे से हम जुड़े हुए हैं या हम एक-दूसरे को जानते हैं। मात्र एक 'स्टेटस अपडेट' से हम अपने अस्तित्व के साथ ही दूसरे के अस्तित्व की भी पुष्टि करते हैं। बर्जर का मानना है कि इस तरह के नियमित आदान-प्रदान से उपभोक्ता के अन्दर एक परोक्ष आत्मीयता विकसित हो जाती है। भौतिक दूरी उनके बीच रहती है परन्तु वह एक कथ्य के द्वारा एक-दूसरे से काफ़ी मज़बूती से जुड़े हैं। अब दिलचस्प बात ये है कि कैसे कथ्य सामूहिक अभिनय करता है और कैसे कोई व्याख्या बाक़ी व्याख्याओं के ऊपर हावी हो जाती है। निश्चित रूप से शुद्ध मनोरंजन ही एक कथ्य ऐसा होता है जो किसी कथ्य को प्रमुख बनाने में मुख्य भूमिका निभाता है। हालाँकि इसकी संरचना के अवयवों को देखने की ज़रूरत है।

पहले भी मैंने इस बात की चर्चा की है कि पोस्ट-ट्रुथ उत्तर-आधुनिकतावाद से प्रभावित है। ल्योतार्द, बौद्रिलार्द जैसे विचारकों की भी इसमें काफ़ी भूमिका है। उत्तर-आधुनिकतावादी, उत्तर-औपनिवेशवादी विचारकों और नारीवादियों ने सत्य, तथ्य, तर्कशक्ति के विचारों को तिरस्कृत किया। पोस्ट-ट्रुथ को समझने के लिए ये भी समझना आवश्यक है उत्तर-आधुनिक विचारकों ने यह बताने का प्रयास किया है कि ऐसी क्या स्थिति है जिसमें पोस्ट-ट्रुथ परिस्थितियाँ सत्य के नज़दीक होने का दावा कर सकती हैं। इसलिए मीडियाकरण की चर्चा के वक़्त ये उचित होगा कि हम बौद्रिलार्द के सिमुलेशन के विचार को समझें कि कैसे कोई चीज़ यथार्थ से ज़्यादा यथार्थ लगने लगती है। सिमुलेशन का अर्थ यह है कि यथार्थ के आदर्श को उत्पन्न करना बिना यथार्थ के मूल या यथार्थ के। सिमुलेशन एक यथार्थ प्रस्तुत कर देता है जिसका वास्तविक यथार्थ से कोई सम्बन्ध नहीं होता। एक ऐसा परिदृश्य रचता है जो लगता है कि यही सत्य है परन्तु ऐसा होता नहीं है। इस तरह से पोस्ट-ट्रुथ कथ्य, जो सत्यापित कथ्यों से कम ही सम्बन्धित है, यथार्थ को रचने का प्रयास करता है

और दावा करता है कि वो सत्य या यथार्थ को ही प्रदर्शित करता है। ऐसा सम्मोहक कथ्य रचा जाता है कि वह अपने प्रभाव से ख़ुद ही वास्तविक लगने लगे।

इसी तरह ल्योतार्द ने उत्तर-आधुनिक परिस्थिति को बताया कि ये, "मेटानैरेटिव्स के प्रति अविश्वास (incredulaity towards metanarratives)" है। जिसका अर्थ ये है कि और भी ऐसे ज्ञान हैं जिन्हें हम मेटानरेटिव्स से अलग करके देख सकते हैं, ज़रूरी नहीं कि जो बात मेटानैरेटिव्स में फ़िट हो, उसकी पुष्टि करे वही सही है। जिसका परिणाम ये है कि पोस्ट-ट्रुथ उन सारे कथ्यों को जो मेटानैरेटिव्स नहीं हैं, उनके भी अस्तित्व और प्रमाणिकता की बात करता है और उनको मेटानैरेटिव्स के समानान्तर खड़ा करने का प्रयास करता है। मेटानैरेटिव्स अर्थात् एक ऐसा कथ्य जो ऐतिहासिक अर्थ, अनुभव या ज्ञान के आख्यानों से सम्बन्धित है और इन सब को किसी महान विचार के प्रत्याशित पूर्णता से वैधता प्रदान करता है; यानी एक भव्य कहानी जो स्व-मान्य है। इस प्रसंग में स्पिनोज़ा की बात देखने की ज़रूरत है, उनके अनुसार अन्तिम लक्ष्य कुछ होता नहीं है बल्कि यह एक मानव कल्पना या आविष्कार है। उनका कहना है कि उद्देश्यात्मक कार्य अयोग्यता का द्योतक है। इसीलिए उद्देश्यात्मक अभिसंस्करण मानव का लक्षण हो जाता है। जैसा कि पूर्व में स्पिनोज़ा के सिद्धान्त से हमने सीखा कि जान-बूझकर न सही, हमारे अस्तित्व में जो कमी है, उसको भरने के लिए हम अलग-अलग तरीक़े की नीतियाँ अपनाते हैं। ऐसे होने पर यह अपरिहार्य है कि किसी निर्णय को लेने से पहले उस अस्तित्व का एक मानसिक प्रतिनिधित्व होना चाहिए और कथ्य उसे साबित करते हैं चाहे उनका सम्बन्ध सत्यापित तथ्य से हो या न हो। वे निर्णय के निबन्धन का कम ही प्रतिनिधित्व करते हैं। और ये जो प्रतिनिधित्व होते हैं, वो कल्पना मात्र नहीं होते हैं क्योंकि वो सीधे अनुभव से तो नहीं आते पर मीडियाकृत सामना से आते हैं। अब यहाँ पर कल्पित अपेक्षाओं की बात आती है। कल्पित अपेक्षाएँ वो हैं जो वर्तमान कल्पनाओं के आधार पर भविष्य की परिस्थितियों का अनुमान लगाती हैं। ये अपेक्षाएँ कल्पित भविष्य देख पाने की असमर्थता की वजह से होती हैं न कि इसलिए कि उनकी अपेक्षाएँ कल्पनाओं पर आधारित हैं। इन कल्पित अपेक्षाओं का परिणाम यह होता है कि लोग एक कल्पित भविष्य पर निर्भर हो जाते हैं, और ऐसे कार्य करते हैं कि यह कल्पना आने वाले संसार का सत्य है। परिणामस्वरूप किया हुआ कार्य कभी भी लक्ष्य तक नहीं पहुँच पाता क्योंकि लक्ष्य ही कल्पना में आँख बन्द करके किया गया था। लक्ष्य वस्तुतः उस कार्यविधि के बाहर खड़ा होता है।

इसके बजाय ये एक आरोहण है जिसमें लक्ष्य और रणनीति तय की जाती है और परिस्थितियों के हिसाब से उसके अर्थ बदल जाते हैं। ये जो सम्मोहक कथ्य होते हैं, वे लगातार एक नया लक्ष्य प्रस्तुत करते रहते हैं। जैसा कि हम जानते हैं तभी पोस्ट-ट्रुथ कथ्य सामने आता है जो न तो सम्मोहक होता है और न तो उसको देखकर लगता है कि उसमें कोई तथ्य निहित है। इसके अलावा पूर्व प्रतिरूप के आधार पर किसी परिस्थिति का मूल्यांकन नहीं किया जा सकता। और जब एक अन्तर रह जाता है तो उसको भरने के लिए बहुत सारे कथ्य आते हैं और देखा ये जाता है कि कौन सा कथ्य हावी होगा। अगर एक कथ्य अर्थ नहीं देता तो कहानियों से यह अन्तर भरने का प्रयास किया जाता है जो कि सरल होता है और लोगों के लिए मूल्य प्रदान करता है, और इस तरह वो दावा सत्य का स्थान ले लेता है। प्रश्न अब ये उठता है कि किसका कथ्य टिकेगा। आख़िरकार होल्मस्ट्रम का मानना है कि सत्य का कोई मूल्य नहीं होता जब तक उसे कथ्य द्वारा रचा न जाये।

उस प्रक्रिया पर ध्यान देना आवश्यक है जिसके तहत पोस्ट-ट्रुथ कथ्य का निर्माण किया जाता है और उसे पोषित किया जाता है। हम इसकी शुरुआत स्पिनोज़ा के कॉनैटस से कर सकते हैं। कॉनैटस जिसे एक अभाव की तरह देखा जाता है। हम पूर्व में ही चर्चा कर चुके हैं कि हमें अपने अस्तित्व के लिए प्रयासरत रहना होता है। वो इसलिए क्योंकि हमारे असल स्थिति और आदर्श स्थिति में अन्तर रहता है। आदर्श स्थिति जिसको वो होता है जिसको कभी पाया नहीं जा सकता। जो भी परिपूर्णता और आनन्द मिलता है, वो कभी पर्याप्त नहीं होता। जो अभाव होता है वो बस अस्थायी रूप से ढँक जाता है पर कभी भी ख़त्म नहीं होता। कोई भी अपेक्षा जो पूरी हो जाती है, वह पर्याप्त नहीं होती और न ही वह उम्मीद जितनी या उसके जैसी होती है। उसका परिणाम ये होता है कि आनन्दानुभूति की इच्छाएँ हमें लगातार नयी जगहों, नये पदों, नयी संस्थाओं से जोड़ती रहती हैं और अन्त में हमारे हाथ बस निराशा ही आती है। लोग इस कमी को पूरा करने के लिए फिर सम्बद्ध सत्य का सहारा लेते हैं। लेकिन उसके बदले उन्हें वो कभी नहीं मिलता जिनकी उन्हें आशा होती है। लाक्लो ने भी इसी सम्बन्ध में कहा है कि, "विषय वस्तुतः अस्तित्व का अभाव है।" (the subject is originary lack of being.)। इस कमी से उबरना असम्भव होता है और हम लगातार अपनी पूर्णता के लिए कोशिश करते रहते हैं और इस भ्रम में रहते हैं कि हमें वह एक दिन मिल जायेगी। इसी प्रयास में एक पोस्ट-ट्रुथ कथ्य सामने आता है जो उसे यह यक़ीं दिला देता है कि उसके ज़रिये वह इस कमी को पूरा कर सकेगा।

उपसंहार

उठो पुरुषो और स्त्रियो, सत्य पर विश्वास करने का साहस करो, सत्य का अभ्यास करने का साहस करो![1] ***—स्वामी विवेकानंद***

आज चुनौती लोगों को सच्चाई, ईमानदारी, करुणा और दूसरों के लिए चिन्ता के मूल्य के बारे में समझाने की है।[2] ***—दलाई लामा***

पोस्ट-ट्रुथ के समय में मानविकी और सामाजिक विज्ञान का कार्य और भी महत्त्वपूर्ण हो जाता है। देखा जाये तो जब से दुनिया विज्ञान की ओर बढ़ी है और नियो लिब्रलिज़्म (नव-उदारवाद) का दौर आया है, समाज में मानविकी और समाजिक विज्ञान उपेक्षा की दृष्टि से देखे जाते हैं। किन्तु पोस्ट-ट्रुथ के समय में वर्तमान समाज के प्रति मानविकी तथा सामाजिक विज्ञान की उपयोगिता व भूमिका को प्रयोग में लाना आवश्यक हो जाता है, ऐसा न होने पर बहुत सम्भव है कि समाज एक ग़लत दिशा में अग्रसर हो जाये। जहाँ लोगों में सोचने-विचारने की क्षमता का स्तर न्यूनतम होगा और हम मात्र उपभोक्ता बनकर बाज़ारी गुलामीकरण के शिकार हो जायेंगे।

यहाँ महत्त्वपूर्ण तथ्य यह भी है कि पोस्ट-ट्रुथ समय में समाज एक ही पक्ष या यूँ कहें कि नज़रिया को दृष्टिकोण नियत कर लेता है जिससे अन्य पक्ष या नज़रिये के लिए कोई अतिरिक्त स्थान शेष नहीं रह पाता। हमें यह सुनिश्चित करना होगा

---

1. "Stand up men and women, dare to believe in the truth, dare to practice the truth!" **—Swami Vivekananda**
2. "The challenge today is to convince people of the value of truth, honesty, compassion and a concern for others." **—Dalai Lama**

कि कैसे एक स्वस्थ वातावरण में लोगों द्वारा अपनी बात स्वतन्त्रता से रखी जा सके और पोस्ट-ट्रुथ के प्रभाव को बेअसर किया जा सके। यह कार्य सांस्कृतिक अध्ययन द्वारा सम्भव है, सांस्कृतिक अध्ययन सभी संस्कृतियों और नीतियों पर व्याख्यापरक एवं प्रासंगिकता पूर्ण विचार करता है। लेकिन इसके अकादमीकरण के कारण यह विचार दुनिया से अलग हो गया है, जबकि सांस्कृतिक अध्ययन रोज़मर्रा के जीवन को प्रभावित करता है तथा साथ ही क्षेत्रीय, राष्ट्रीय एवं वैश्विक समस्याओं को भी प्रभावित करता है।

जनसंचार एवं सूचना प्रौद्योगिकी का सम्पूर्ण वैश्विक संस्कृतियों पर व्यापक प्रभाव पड़ा है, जिस प्रकार से संगीत की दुनिया में शास्त्रीय, जैज़, पाप और अन्य विधाएँ एक साथ विद्यमान हैं जहाँ हम 'विशिष्टता' के स्थान पर 'प्रचलन' कर ध्यान केन्द्रित कर रहे हैं।

तकनीकी विकास के कारण वाल्टर बेंजामिन के 'यान्त्रिक-प्रतिलिपिकरण (मैकेनिकल-रीप्रोडक्शन) का विचार और थियोडोर एडोर्नो के सांस्कृतिक उद्योग (कल्चरल इंडस्ट्री) का विचार सामने आया जो सिर्फ़ 'आभिजात्य संस्कृति' के विचार को ही क्षतिग्रस्त नहीं करता बल्कि विरोध एवं मुक्ति आन्दोलनों को भी समर्थन देता है। जिसकी वजह से 'अरब जागृति' जैसे आन्दोलनों का जन्म होता है, जो इंटरनेट की सहायता से विश्व में जंगल की आग की तरह फैलते हैं और जिनके परिणाम दूरगामी सिद्ध होते है। सांस्कृतिक उद्योग के कारण 'आभिजात्य संस्कृति' को चुनौती के साथ ही साथ 'वस्तुनिष्ठ संस्कृति' को भी बढ़ावा मिला जिसके परिणामस्वरूप 'लोकलुभावनवाद' (प्रचलन) का ज़हर भी समाज में फैल गया और जिसमें कोई सन्देह नहीं कि लोकलुभावनवाद ने अति राष्ट्रवादिता को बढ़ावा दिया है। लोकलुभावनवाद यह भ्रम रचता है कि यह परम्परा के प्रति चिन्तित है लेकिन यहाँ परम्परा का चित्रण पूँजीवादी शक्तियों के हक़ में होता है। हम जानते है कि यह शक्तियाँ सिर्फ़ मुनाफ़े से जुड़ी होती हैं। अत: ये शक्तियाँ परम्पराओं, त्योहारों एवं व्यक्तिगत सम्बन्धों में निहित भावनात्मकता का प्रयोग अपने हित को साधने में करती हैं, उदाहरण के लिए किसी भी त्योहार को देखने पर हम पाते हैं कि उनका आयोजन 'मिनी क्रिसमस'' के रूप में किया जाता है। सभी त्योहारों में बाज़ारी उपहारों का आदान-प्रदान देखा जा सकता है। यहाँ बाज़ार प्रधान भूमिका में स्वयं को स्थापित करता है। आज के दौर में ऐसा लगता है कि बाज़ार के बिना उत्सव मनाना ही सम्भव नहीं है। बच्चे के जन्म से लेकर मरण तक होने वाले समस्त आयोजन बाज़ारीकृत हो गये हैं। हम लाख कोशिशों के बावजूद बाज़ारवाद के पंजे

से मुक्त नहीं हो सकते। यहाँ तक कि हमारे अत्यन्त निजी क्षण भी बाज़ार अपनी स्वार्थ की दृष्टि से प्रस्तुत कर रहा है, उदाहरणार्थ दाम्पत्य जीवन की ख़ुशहाली और सफल संचालन हेतु किस प्रकार के उपहार दम्पती एक-दूसरे को दे, यह भी बाज़ार तय कर रहा है। कहने का तात्पर्य यह कि बाज़ार हमारी भावनाओं को अपने निहितार्थ दिशा दे रहा है। साथ ही यह हमें महसूस कराता रहता है कि हम अपनी स्वेच्छा से यह कर रहे हैं। लेकिन क़रीब से अवलोकन करने पर हम पाते हैं कि हम 'बाज़ारी ग़ुलामीकरण' के शिकार हैं। हम वही करते हैं जो बाज़ार हमसे कराना चाहता है। निष्कर्ष रूप में कहें तो पूँजीवादी शक्तियाँ अपने मुनाफ़े के लिए हमारी भावनाओं की ख़रीद-बिक्री कर रही हैं।

फ्रैंकफ़र्ट सम्प्रदाय ने जब इस पश्चिमी पूँजीवादी व्यवस्था को संसार में फैलते देखा तो इसकी निन्दा शुरू कर दी, इस सम्प्रदाय से जुड़े विचारकों जैसे मैक्स होर्खाइमर, थियोडोर बिसेंग्रंट एडोर्नो, हर्बर्ट मार्करूज़, एरिक फ्रॉम आदि ने इस व्यवस्था का पुरज़ोर विरोध किया। संस्कृति में 'प्रचलित' क्या है, यह एक गम्भीर अध्ययन का केन्द्र बना जिसकी नींव इन विद्वानों ने ही रखी। इनकी आलोचनात्मकता में यह तथ्य भी उजागर हुआ कि संस्कृति का निर्माण सिर्फ़ अर्थ प्रधान शक्तियाँ ही नहीं बल्कि 'शिक्षण नीतियाँ' भी सहसंचालित करती हैं। शिक्षा जनता को बदलाव तथा प्रतिरोध के लिए उत्साहित करती है।

जैसे कि राष्ट्रीय शिक्षण नीति 2020 ने कक्षा पाँच तक की शिक्षा का माध्यम स्थानीय भाषा अथवा मातृभाषा रखने पर ज़ोर दिया है। साथ ही आगे की शिक्षा के माध्यम के रूप में इसे अपनाने का सुझाव दिया है। राष्ट्रीय शिक्षण नीति में स्कूली और उच्च शिक्षा में विद्यार्थियों के लिए संस्कृत और अन्य प्राचीन भाषाओं की सुलभता होगी किन्तु किसी भी विद्यार्थी पर भाषा के चुनाव की बाध्यता नहीं होगी।

यहाँ यह देखा जा सकता है कि संस्कृति के प्रस्तुतीकरण में शिक्षा नीति का भी योगदान है। इन सार्वजनिक कार्यप्रणालियों में संस्कृति को प्रस्तुत करने की गतिशील प्रकृति निहित है। इस तरह की जन-सम्पर्क द्वारा प्रचलित संस्कृति की स्वीकृति व अस्वीकृति की प्रक्रिया गहन अवलोकन के दायरे में आती है। लुभावनी प्रचलित संस्कृति में जन-आन्दोलनों के औचित्य की पड़ताल के साथ सांस्कृतिक उद्योग के फ्रैंकफ़र्ट सिद्धान्त को एक नये स्तर पर स्थापित किया गया है। इसके परिणामस्वरूप सांस्कृतिक अध्ययन एक संकेतार्थ बन जाता है, उसी प्रकार, जिस प्रकार से 'मार्क्सवादी विचारधारा' को दर्शाया जाता है। जनसाधारण और शासकीय प्रवचनों में, दोनों ही अवधारणाओं की व्यापक संलग्नता होती है। ख़ासकर के

टेलीविज़न, जनसंचार एवं फ़िल्म अध्ययन के क्षेत्र में जहाँ माध्यम में व्याप्त दुष्प्रचार एवं विकृति का विश्लेषण किया जाता है, जिससे यह तथ्य भी उजागर होता है कि यह माध्यम 'राष्ट्र-संचालन' की प्रमुख इकाइयाँ हैं, जो लोगों के सामाजिक एवं राजनीतिक समाज का निर्माण अनुकरण के सिद्धान्त के अनुसार करती हैं।

विक्की गोल्डबर्ग ने कहा था, "जब फ़ोटोग्राफ़ी का आविष्कार हुआ था, तब इसे सत्य के बराबर समझा जाता था।" परन्तु अब दर्शक इस बात को समझते हैं कि देखना हमेशा विश्वास करना नहीं होता। तस्वीरों का भी एक दृष्टिकोण होता है। और वर्तमान में तो, हम सबको पता है कि तस्वीरों को बड़े आराम से तोड़ा-मरोड़ा जा सकता है, उनके साथ किस आसानी से छेड़छाड़ की जा सकती है। तब बच्चों को अकादमिया में, या कक्षाओं में यह शिक्षा देना आवश्यक हो जाता है कि देखना हमेशा विश्वास करना नहीं होता (Seeing is not always believing.)।

वर्तमान नव-उदारवाद के दौर में शिक्षा के क्षेत्र पर या विशेष रूप से उच्च शिक्षा के क्षेत्र पर बहुत दबाव है। ऐसे में उपभोक्तावादी मानसिकता इस क्षेत्र में भी घुसने की कोशिश कर रही है, और पोस्ट-ट्रुथ इसे सम्भव बनाने की कोशिश कर रहा है। वर्तमान दौर में शिक्षा और शैक्षणिक संस्थान वित्तीय निवेश और आय का साधन हो गये हैं। निजी शैक्षणिक संस्थान विद्यार्थियों को विभिन्न प्रलोभन के ज़रिये आकर्षित करते हैं और उनके त्वरित आनन्द के लिए उनके अनुसार अलग-अलग गतिविधियाँ और ज़्यादा नम्बर दे देते हैं। उन्हें ज्ञान देने और उनकी परख या समीक्षात्मक क्षमता विकसित करने के बजाय उन्हें आर्थिक क्षेत्रों की ओर धकेलते हैं। कक्षाओं में भी उनमें एक उपभोक्तावादी मानसिकता निर्मित की जाती है जो उन्हें ज्ञान की तरफ़ नहीं बल्कि अर्थ की तरफ़ धकेलती है। यह पूरी प्रक्रिया विद्यार्थी को एक उपभोक्ता और शिक्षा यानी एक वस्तु के तौर पर प्रस्तुत करती है।

सहानुभूति प्रेरित मानवीय अनुभूति की समानता और असमानता का यह भान, हमें यह महसूस कराता है कि मानव स्वयं ही इस दुनिया में अकेला नहीं भटक रहा। लोगों के सामने जो मुसीबतें आती हैं, लोग अक्सर अकेले उनका सामना नहीं कर पाते। हम उत्तरजीविता के लिए एक-दूसरे पर निर्भर रहते हैं। संसार की भिन्न सभ्यताएँ और संस्कृतियाँ इस सत्य को जानती हैं और मानती हैं। परन्तु पोस्ट-ट्रुथ ठीक इसके उलट सहानुभूति के बजाय स्वानुभूति की बात करता है। समाज के सुचारु रूप से चलने के लिए निज और पर का एक उचित सन्तुलन होना आवश्यक है, परन्तु पोस्ट-ट्रुथ यहीं स्व का पलड़ा भारी कर देता है जिससे समाज का सुचरण

भग्न हो जाता है। यह भावना को पक्ष और विपक्ष में बाँट देता है, और इस तरह समरूपता खण्डित हो जाती है। शिक्षा की यह ज़िम्मेदारी है कि वह विद्यार्थियों में नैतिक और मानवीय मूल्य का संचार करे ताकि उनमें स्वानुभूति के बजाय एक संवेदनशीलता विकसित हो और वे अपने भीतर सर्वधर्म सम्भाव और वसुधैव कुटुम्बकम् की भावना को स्थान दे सकें। तभी समाज का एक समीचीन प्रगति की ओर बढ़ना सम्भव हो सकेगा।

❑❑